RÉCRÉATIONS UTILES

ou

RÉCITS D'UN VOYAGEUR.

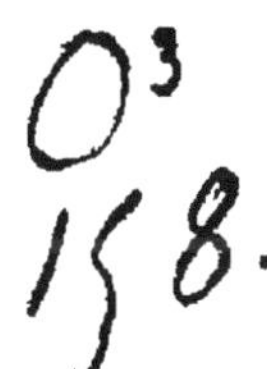

J'ai lu avec attention les *Récréations utiles* ou Récits d'un voyageur, et je n'y ai rien remarqué de contraire à la foi et à la morale chrétiennes.

Lejeune

Chanoine, professeur à la Faculté de théologie.

ANGERS, IMP. DE COSNIER ET LACHÈSE.

RÉCRÉATIONS
UTILES

OU

RÉCITS D'UN VOYAGEUR

offrant des détails instructifs et curieux sur l'Afrique

LES PRODUITS DE SON SOL ET LES MŒURS ET USAGES DES PEUPLES DE
CETTE PARTIE DU MONDE

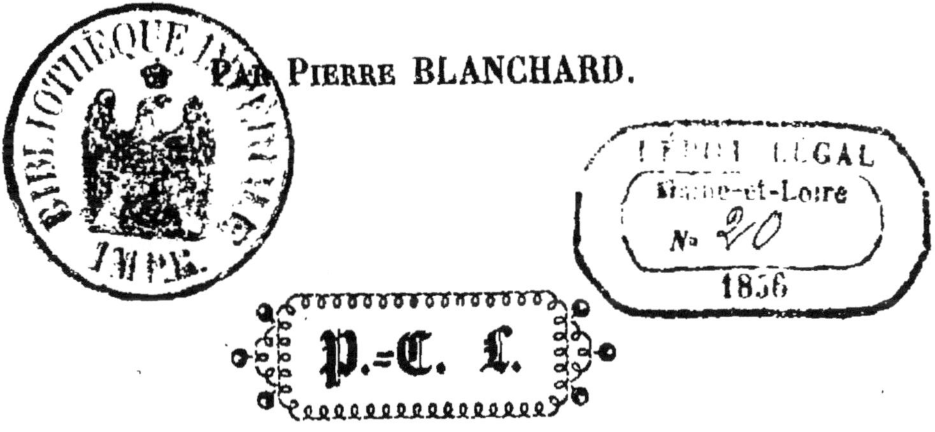

PAR Pierre BLANCHARD.

PARIS

LIBRAIRIE DE L'ENFANCE ET DE LA JEUNESSE

P.-C. LEHUBY

RUE DE SEINE, No 55, F. S.-G.

1856

INTRODUCTION.

———

L'intérieur de l'Afrique n'est pas encore très bien connu. Ces vastes contrées, où s'étendait jadis la domination romaine, sont encore aujourd'hui à l'état sauvage et barbare auquel il est enchaîné par la politique ombrageuse du gouvernement, aussi bien que par le fanatisme aveugle de la religion mahométane. Cependant, par suite des tentatives de plusieurs voyageurs, on est parvenu à soulever le voile mystérieux qui nous cachait tant de villes crues fabuleuses jusque-là.

Le voyageur anglais Mongo-Park, qui a payé de sa vie la gloire d'avoir le premier exploré les contrées intérieures de l'Afrique, et dont les savantes explorations datent des dernières années du XVIII{^e} siècle, fut le chef pour ainsi dire de cette pléïade de martyrs de la science dont le sang a marqué les pas dans cette partie du monde.

Nous nommerons ici Houghton, le précurseur de Mongo-Park, qui périt en essayant de pénétrer dans cette contrée. Son triste sort ne put effrayer Mongo-Park, qui partit pour la Nigritie le 22 mai 1795. Après avoir enduré tous les maux imaginables, la faim, la soif, la captivité, les maladies, il parvint à découvrir le Niger, mais il ne lui fut pas permis de franchir ce fleuve, et il revint en Angleterre le 22 septembre 1797. En 1805, Mongo-Park repartit avec une expédition considérable pour descendre le Niger et trouver son embouchure; mais, après avoir vu périr successivement tous ses compagnons, il voulut continuer seul son voyage, et la nouvelle se répandit qu'il avait péri victime de la barbarie des sauvages.

Une telle infortune ne découragea point les voyageurs. Le major Peddie, le capitaine Campbell, le major Gray suivirent le chemin que leur avait tracé Mongo-Park, et notre infatigable voyageur Caillié revint de ces contrées lointaines après y avoir découvert Tombouctou, dont l'existence donnait lieu à tant de conjectures.

Pierre Blanchard, qui a fait pour la jeunesse un si grand nombre d'ouvrages amusants, intéressants et utiles, et dont on n'a pas apprécié les modestes travaux à leur juste valeur, ne pouvait pas laisser échapper l'occasion de faire connaître l'Afrique. Il a, comme il le dit lui-même, enchâssé les aventures les plus saillantes de Mongo-Park dans un récit de sa façon, et leur a conservé toute leur originalité, tout leur intérêt.

En publiant de nouveau cet ouvrage, nous avons dû, pour l'instruction de nos jeunes lecteurs, y introduire, sous forme de notes, des rectifications devenues nécessaires par suite des nouvelles découvertes des voyageurs les plus récents, tels que Caillié, les frères Llander, Mollien et autres.

Ce petit travail complète celui de Pierre Blanchard, et nous a semblé ajouter considérablement à son intérêt et à son instruction. Nous avons en conséquence respecté le cadre simple et ingénieux qu'il avait adopté, et nous sommes borné à l'étendre quand il y avait lieu.

Nous donnons ce petit ouvrage sous le titre des *Récréations utiles,* qui remplit heureusement l'idée de l'auteur, tout étant vrai dans son récit et n'offrant d'imaginaire que les personnages qu'il y a fait figurer.

RÉCRÉATIONS UTILES

ou

RÉCITS D'UN VOYAGEUR.

AVENTURES

D'UN VOYAGEUR EN AFRIQUE.

La Guinée. — Le royaume de Benin. — Usages barbares. — La traite des nègres. — Rôle de la France dans cette importante question. — Le royaume de Juida; productions végétales; mœurs et coutumes. — La poudre d'or. — Noce africaine. — Cérémonie funèbre. — Fétiche. — Culte des Serpents. — Le roi de la Rivière.

M. DE FORBIN. Asseyons-nous sur ce gazon, mes enfants, et plaçons au milieu de nous M. de Vilmard, mon bon vieil ami, mon ancien compagnon de voyage. Nous avons parcouru une partie du globe ensemble; mais il a mieux vu que moi l'Afrique, et c'est lui qui va vous parler de cette partie du monde. Nous sommes restés assez longtemps au milieu des neiges et des glaces; il faut nous réchauffer un peu au soleil du midi, et voir d'autres climats et d'autres hommes.

M. DE VILMARD. M. de Forbin m'ayant fait connaître le désir que vous aviez de vous instruire et le plaisir que vous preniez à entendre les récits qu'il a coutume de vous faire quand vous venez le voir, je me suis offert, mes enfants, de le remplacer aujourd'hui et de vous raconter mes anciens voyages :

> . . . . Quiconque a beaucoup vu
> Peut avoir beaucoup retenu :

et ce que l'on a vu et appris ne peut être mieux employé qu'à l'instruction des autres. Mes voyages m'ont coûté bien des peines; vous en profiterez sans fatigue, sans crainte et bien à votre aise assis sur ce gazon. Ce n'est pas là un petit avantage, je pense. Moi, de mon côté, j'aurai aussi mon plaisir : car c'en est un grand pour un vieillard que de raconter ce qui lui est arrivé dans les jours de sa jeunesse. Allons, je commence...

M. DE FORBIN. Pardon, Monsieur, si je vous interromps un peu. Amédée, déroule sur le gazon la carte de l'Afrique, et n'oublie pas d'indiquer à ces petits les lieux dont il sera question.

Je répète un avertissement que j'ai déjà donné ; mais cela n'est pas tout-à-fait inutile : il est bon que l'on soit bien convaincu que, pour profiter des récits d'un voyageur, il faut le suivre sur la carte à mesure qu'il avance... J'ai fini. Veuillez maintenant, Monsieur, commencer votre intéressante relation ; nous voilà prêts à vous entendre (1).

M. DE VILMARD. J'étais jeune quand je formai le projet de voyager, et j'étais assez riche pour l'exécuter avec quelque agrément et d'une manière avantageuse à mon instruction. Je m'embarquai, dans un des ports de la Hollande, sur un vaisseau marchand qui devait se rendre sur les côtes de la Guinée pour y trafiquer des diverses marchandises du pays. Je ne vous parlerai point de notre navigation ; elle fut heureuse, Dieu merci. Nous arrivâmes à l'embouchure de la *rivière de Benin*, dans cette partie de l'Afrique que l'on nomme du nom général de Guinée ; ce lieu devait être notre première station. Je profitai du temps qu'exigèrent les affaires du com-

(1) Nous avons réuni dans un seul récit les relations et les aventures de plusieurs voyageurs. Quand nous rapporterons quelque événement remarquable, quelque trait singulier, nous aurons soin de marquer au bas de la page quel voyageur nous l'a fourni.

merce pour examiner un peu le pays et faire connaissance avec les peuples qui y vivent.

Les hommes qui habitent la Guinée et la plus grande partie de l'Afrique ne ressemblent point à ceux que nous voyons ici : nous sommes blancs, nous ; eux sont noirs ; ils diffèrent même de nous par la conformation de leurs traits : leur nez est aplati ; leurs lèvres, épaisses, sont saillantes comme de gros bourlets ; leur front n'est point de niveau avec le bas de la figure, qui avance, et leurs cheveux, courts et crépus, ressemblent à de la laine noire.

Sophie. C'est une chose bien extraordinaire qu'il y ait ainsi des hommes de différentes couleurs ; connaît-on la cause de cette différence ?

M. de Vilmard. On présume qu'elle vient des différents degrés de chaleur. A mesure que l'on s'éloigne du nord, on remarque que le teint des peuples brunit et passe insensiblement du blanc au noir. L'Afrique, placée sous les rayons du soleil, qui y fait sentir toute sa puissance, offre des hommes aussi noirs qu'il est possible de l'être ; mais il y a probablement des circonstances qui modifient cette marche de la nature : car on trouve des peuples, dans les environs de l'équateur, et sous l'équateur même, qui cependant ne sont pas tout-à-fait de la couleur des nègres.

D'où vient cette exception? c'est ce que nous ignorons encore.

En général, les nègres du royaume de Benin (1) sont d'un bon naturel, doux, civils et plus policés que les autres habitants des côtes de l'Afrique. Depuis longtemps ils sont en relation de commerce avec les Européens, et ces relations les ont civilisés et leur ont donné des idées qui manquent aux nations qui sont plus avant dans les terres. N'allez pas croire cependant que ce peuple soit comparable à ceux de l'Europe; ce que je vais vous en rapporter vous fera voir qu'ils sont encore plus près de la barbarie que de la civilisation. Mais ils sont polis entre eux, et portent la déférence pour les étrangers si loin, qu'un porte-faix du pays, quoique pesamment chargé, se retire pour laisser le passage libre à un simple matelot de l'Europe. Celui qui outragerait un Européen serait arrêté, jugé et condamné en peu d'heures : on lui lierait les mains derrière le dos, on lui banderait les yeux, on lui ferait pencher la tête, et d'un coup de hache elle serait abattue à l'instant; son corps deviendrait ensuite la proie

____

(1) Le royaume de Benin, dit Adrien Balbi, est un des états les plus puissants de la Nigritie. Il s'étend depuis Lagos jusqu'à Bonny et à vingt journées de marche dans l'intérieur.

des bêtes féroces. Cette conduite porte à croire que ce peuple trouve de grands avantages dans le commerce des Européens, et qu'il ne veut pas que ceux-ci aient aucun motif de fuir leurs côtes.

Benin, la capitale, sur la rivière du même nom, est une des plus considérables villes de cette partie de l'Afrique. Elle a trente rues fort larges et très droites ; mais les maisons sont basses, et n'ont d'autre apparence que la grande propreté que les habitants y entretiennent : ils les lavent et les frottent si souvent, qu'elles sont brillantes comme des miroirs. Le palais du roi est très vaste ; il est près de la ville et fermé de murailles ; on y voit plusieurs appartements pour les ministres du prince, et de belles et grandes galeries soutenues par des piliers de bois enchâssés dans du cuivre, où sont gravées les victoires de la nation. Dans cette ville spacieuse, on ne compte cependant pas plus de 15,000 individus.

Le roi croit qu'il est de sa dignité de se tenir renfermé dans ce palais, et de ne paraître qu'une fois par an. Presque tout son temps est donné aux plaisirs : il abandonne le gouvernement à trois ministres, qui sont les intermédiaires entre lui et le peuple, c'est-à-dire qui écoutent toutes les demandes que l'on adresse au prince, qui les lui portent, et qui rapportent ensuite les réponses qu'il a bien voulu faire. Ces ministres forment le premier ordre de l'état; le second ordre est composé des gouverneurs de province, des chefs militaires, des chefs des esclaves, enfin de tous les employés du gouvernement; on met au troisième rang les agents du commerce avec les Européens. Lorsqu'un nègre est élevé à un de ces postes, le roi lui donne, comme une marque insigne de faveur et de distinction, un cordon ou collier de corail, qu'il est obligé de porter sans cesse à son cou; s'il le quittait un instant, il serait puni de mort. J'en ai vu un exemple terrible : un de ces seigneurs nègres à qui l'on avait dérobé son cordon fut sur-le-champ conduit au supplice; le voleur ayant été arrêté subit le même sort, avec trois autres personnes qui avaient eu quelque connaissance du crime, sans l'avoir révélé à la justice : ainsi, pour une chaîne de corail qui ne valait pas deux sous, il en coûta la vie à cinq personnes.

NINETTE. Oh Dieu! quelle sévérité!

AMÉDÉE. C'est probablement que le roi veut que l'on attache le plus haut prix aux faveurs qu'il accorde; et il punit la négligence, comme si c'était une marque de mépris.

M. DE VILMARD. Le nègre chargé de traiter avec nous pour ce qui concernait notre commerce, était un des plus riches de la ville de Benin; il nous invita, le capitaine et moi, à dîner chez lui. J'acceptai avec joie l'invitation, dans l'espoir d'être plus à portée d'examiner les mœurs de ces peuples. En général, ils sont amis des plaisirs et déréglés dans leurs mœurs. Les gens riches n'épargnent rien pour leur table; le bœuf, le mouton, la volaille, sont les mets ordinaires, et la farine d'igname, bouillie à l'eau ou cuite sous la cendre, leur compose une espèce de pain. Ils se traitent souvent les uns les autres, et les restes de leurs festins sont distribués aux pauvres. Dans les conditions inférieures, la nourriture commune est du poisson frais, cuit à l'eau, ou séché au soleil, après avoir été salé. Quand nous arrivâmes chez notre hôte, nous ne vîmes aucune femme : les nègres en sont très-jaloux, et ne permettent point qu'elles paraissent devant ceux qui viennent les visiter. Mais avec les Européens ils oublient cette jalousie, et sont les premiers à les appeler quand elles sont trop lentes à paraître. Un mari peut en avoir plusieurs : c'est sur elles qu'il se repose de tous les travaux de la maison; l'oisiveté est son partage quand la pauvreté ne le force pas à travailler, et il la savoure avec une volupté véritable.

Nous étions encore à Benin quand le roi vint

à mourir. La mort du souverain est une calamité horrible dans ce pays; le deuil et la terreur se répandirent aussitôt de tous côtés. Nous autres Européens, nous fûmes curieux d'être témoins des funérailles de ce prince; mais on nous avertit de ne plus sortir qu'en bon nombre et bien armés. Nous suivîmes ce conseil, et nous en reconnûmes bientôt la sagesse. On ouvrit, dans les environs du palais, une fosse si profonde, que les ouvriers furent en danger d'y périr par la quantité d'eau qui s'y amassa. Cette espèce de puits n'avait de largeur que par le fond; l'entrée, au contraire, en était assez étroite pour être facilement bouchée avec une large pierre. Quand ce travail fut achevé, on apporta en grande cérémonie le corps du roi, et on le jeta dans la fosse, à la vue d'une foule de peuple. Je croyais les funérailles à peu près finies, quand je vis que l'on faisait approcher un assez grand nombre d'hommes et de femmes, qui paraissaient accablés de douleur. Je demandai ce que c'étaient que ces gens, et pourquoi ils paraissaient plus affligés que le reste du cortège; on me répondit que c'étaient des domestiques du feu roi que l'on avait choisis pour qu'ils eussent l'honneur de l'accompagner dans l'autre monde. Au même moment, des hommes robustes s'emparèrent de ces malheureux et les jetèrent un à un dans la fosse, du fond de laquelle on entendit leurs cris lamentables. Ce spectacle me glaça d'horreur, et sembla n'exciter que la curiosité de la multitude qui y assistait. Lorsqu'il n'y eut plus de victimes à jeter dans ce gouffre, on en boucha l'ouverture. Le peuple resta toute la nuit auprès de cet affreux tombeau. Le lendemain on leva la pierre, et quelques officiers, destinés à cet emploi, se baissant sur le trou, crièrent à haute voix, en demandant à ceux qu'on y avait précipités *s'ils avaient rencontré le roi.* Quelques malheureux, dont la terrible agonie n'était pas encore terminée, répondirent par des gémissements. On referma aussitôt la fosse, et les gémissements ne furent plus entendus. Le jour suivant, on répéta la même cérémonie; on la renouvela le jour d'ensuite; et ce ne fut qu'au quatrième que le silence profond qui succéda aux cris des officiers apprit que personne ne respirait plus dans le fond du tombeau.

Alors le premier ministre d'État vint apprendre cette nouvelle au nouveau roi. Celui-ci se rendit aussitôt au bord du puits, et le fit fermer en sa présence. Il ordonna ensuite que l'on couvrît la pierre du tombeau et les environs de toutes sortes de viandes et de liqueurs; puis il invita le

peuple à boire, à manger et à se réjouir. La multitude ne se le fit pas dire deux fois; elle se jeta
sur les mets, et s'enivra du vin de palmier qu'on
lui offrait.

Quand les têtes furent échauffées, cette popu-
lace se répandit par la ville et se livra aux dernier excès; elle tuait tout ce qu'elle rencontrait,
hommes, femmes, enfants, et même les animaux;
elle leur coupait la tête, et portait le corps au
puits sépulcral, où elle les précipitait comme
nouvelle offrande que la nation faisait à son roi.
Nous fûmes très heureux d'avoir suivi le conseil
qu'on nous avait donné, c'est-à-dire de nous être
adjoint un assez bon nombre d'Européens avec
nos armes : car ces furieux, dans leur ivresse et
dans le délire de la superstition, nous auraient
impitoyablement sacrifiés; mais notre contenance
imposa facilement à ces misérables qui courent
isolément, et qui ne s'attaquent guère qu'aux
gens qui ne sont pas en état de se défendre.

On m'apprit que cette nation, si douce habi-
tuellement, avait ainsi quelques accès de férocité.
Je vous ai dit que le roi ne daigne se faire voir
au peuple qu'une fois par an; ses sujets, pour
reconnaître à leur manière cette faveur royale,
ont coutume, dans cette importante occasion, de
tuer quelques malheureux : le prince est fort

sensible à cet honneur. A la fête anniversaire des morts, on sacrifie encore, outre un grand nombre d'animaux, plusieurs victimes humaines : ordinairement ce sont des criminels condamnés à mort, et réservés pour cette solennité. L'usage en demande vingt-cinq ; si malheureusement il s'en trouve moins, les officiers du roi ont ordre de parcourir les rues de Benin pendant la nuit, et d'enlever indifféremment toutes les personnes qu'ils rencontrent sans lumière. Le riche, moyennant une somme, peut se racheter de la mort ; mais le pauvre, qui ne peut faire le même sacrifice, demeure entre les mains de ses bourreaux et donne sa vie.

NINETTE. Oh ! le vilain pays ! Y êtes-vous resté longtemps, Monsieur ?

M. DE VILMARD. Je l'ai quitté, au contraire, le plus tôt qu'il m'a été possible ; et fort heureusement nos gens ne mirent pas beaucoup de temps à terminer les affaires de leur commerce. Nous nous rembarquâmes. Notre course ne devait pas être longue : nous nous arrêtâmes sur *la côte des Esclaves,* qui confine au royaume de Benin.

PAUL. Voilà un nom qui n'annonce encore rien de bon.

M. DE VILMARD. Vous avez raison, mon ami : le pays qui le porte offre bien peu de satisfaction à l'ami de l'humanité qui y aborde. Ce nom de *côte des Esclaves* vous apprend que c'est là principalement que se fait le commerce des hommes : commerce abominable que la religion et la morale condamnent également, mais que l'avarice soutient et ose même justifier.

MARCELLIN. Monsieur, j'ai déjà entendu dire, et j'ai lu dans plusieurs livres, que l'on vendait et que l'on achetait des nègres, comme nous voyons vendre et acheter au marché des bœufs et des chevaux; veuillez, s'il vous plaît, nous donner quelques notions sur ce commerce, qui me paraît en effet bien criminel.

M. DE VILMARD. Avec plaisir, mes petits amis. Ce furent les Portugais qui, dans le milieu du quinzième siècle, firent les premiers le tour des côtes de la Guinée; ils bâtirent à la côte d'Or, dont la nation avait les mœurs les plus douces, diverses places fortifiées, où ils déposèrent leurs marchandises pour en faire commerce avec cette nation. Les articles qu'ils prenaient en échange se bornaient principalement à l'or et aux dents d'éléphants. Mais, après la découverte de l'Amérique, qui eut lieu sur la fin de ce même siècle, le goût des produits de cette partie du monde s'étant répandu, comme on avait sacrifié à sa propre sûreté les naturels du pays, et que les cultivateurs nécessaires manquaient, on eut recours aux habitants de l'Afrique, et l'on acheta des nègres pour les transporter en Amérique, afin de les faire travailler à la terre, aux mines et aux moulins à sucre. Ainsi s'établit le commerce des noirs, qui fait dans les trois derniers siècles une époque à la honte de l'humanité.

SOPHIE. Mais qui a donc le droit de vendre ces malheureux nègres?

M. DE VILMARD. Ce commerce est organisé, protégé et encouragé comme tout autre. L'esclavage est légalement établi dans ces contrées, et l'on peut devenir esclave de différentes manières. Les prisonniers faits à la guerre ont perdu tout espoir de liberté; on peut les garder ou les vendre à volonté; on peut même les tuer, si l'on en a fantaisie; aucune loi ne les protège. On devient encore esclave quand on n'a pas le moyen de payer ses dettes. Le créancier s'empare impitoyablement de son débiteur, l'emmène dans sa maison et se fait servir par lui; il a même droit de le vendre, mais assez généralement il s'en abstient : ce serait une honte que d'avoir vendu à des étrangers un homme de sa nation. On a le même égard pour les esclaves nés chez soi; on les traite beaucoup mieux que les autres, et c'est une véritable justice. Les criminels convaincus deviennent aussi esclaves du roi ou des kabas-chirs, c'est-à-dire des chefs de canton ; ceux-là sont vendus aux Européens comme les prison-niers de guerre. Dans les grandes famines, il arrive encore que des familles, n'ayant plus de quoi subsister, se vendent à un homme riche pour en obtenir la nourriture : ces esclaves sont ordinairement traités avec assez de douceur et restent dans leur patrie. Enfin, un père est le maître absolu de sa famille, et peut la vendre tout entière sans que personne ait le droit d'y trouver à redire. Voilà les causes et les lois de l'esclavage en Afrique. D'après cette horrible coutume, il s'est naturellement établi des mar-chés d'esclaves ; et l'homme qui vend son sem-blable est considéré comme un autre marchand. On voit venir des pays intérieurs des caravanes ou bandes de ces malheureux, attachés les uns aux autres à peu près comme les galériens l'étaient chez nous. Un petit nombre de nègres libres, à la solde des marchands, suffit pour les conduire : à la moindre faute, on les accable de coups, et il n'est pas rare d'en voir périr une grande par-tie le long de la route quand elle est longue ; le propriétaire ne devient humain que quand il craint une trop grande diminution dans ses bé-néfices. Quand le marchand nègre est arrivé à la côte avec l'espèce de troupean qu'il a fait marcher devant lui, il en donne avis aux factoreries européennes, c'est-à-dire aux établissements de commerce que les Européens ont formés sur la côte. Ceux-ci viennent voir la marchandise qu'on leur propose; et, s'ils sont satisfaits de sa qualité et du prix que l'on en demande, ils font affaire : les esclaves deviennent leur propriété. Ces infortunés sont aussitôt marqués d'un fer chaud, ainsi que l'on marque les chevaux et les moutons : on prend cette précaution, afin que, s'il s'en échappait quelqu'un, on pût le réclamer et le désigner par la marque de la compagnie qui l'a acheté. Comme on les tient dans des lieux clos et soigneusement gardés jusqu'au moment où on les embarque pour les transporter en Amérique, il est assez rare qu'il puisse s'en échapper, et plus rare encore que la fuite leur soit avantageuse.

Je ne vous ai indiqué que les manières légales de faire des esclaves; mais l'injustice des rois et des kabaschirs en sait bien trouver d'autres. Outre les guerres, qui ordinairement ne sont entreprises que pour faire des prisonniers, il arrive quelquefois, dans l'intérieur des terres, que les chefs font enlever autour des villages tous ceux qui s'y rencontrent : on jette les enfants dans des sacs; on met des baillons aux hommes et aux femmes pour étouffer leurs cris. Si les ravisseurs sont arrêtés par une force supérieure, ils sont conduits au souverain, qui désavoue toujours la commission qu'il a secrètement donnée, et qui, sous prétexte de rendre justice, vend sur-le-champ même ses agents aux vaisseaux avec lesquels il a traité : ainsi, quelque chose qui arrive, il y trouve son avantage. Comme la personne des criminels est vendue au profit des rois et des chefs, ils reconnaissent rarement des innocents dans ceux que l'on amène devant leurs tribunaux : un innocent ne leur est d'aucun avantage; c'est assez pour qu'ils le jugent coupable, du moment qu'ils le voient.

Cette facilité de vendre son semblable a quelquefois fait commettre des crimes qui révoltent la nature. On m'a raconté qu'un vieux nègre, ayant résolu de vendre son fils, le conduisit au comptoir; mais le fils, se défiant de ce projet, se hâta de tirer un facteur à l'écart et de vendre lui-même son père. Lorsque ce vieillard se vit environné de marchands prêts à l'enchaîner, il s'écria qu'il était le père de celui qui l'avait vendu; le fils protesta le contraire, et le marché demeura conclu. Mais celui-ci, retournant en triomphe, rencontra le chef du canton, qui le dépouilla de ses richesses mal acquises et le vint vendre au marché (1).

Ce récit vous fait frémir, je le vois; vous allez croire que les nègres sont des bêtes encore plus féroces que les tigres, qui aiment au moins leurs petits : détrompez-vous; le nègre, au contraire, a en général beaucoup de tendresse pour ses enfants : cette tendresse est un des plus doux sentiments de la nature, qui se fait sentir aussi vivement en Afrique qu'en Europe. Il est vrai qu'il lui arrive quelquefois de vendre un de ces enfants chéris; mais c'est qu'alors il se voit dans la dernière détresse, et il a ordinairement soin de vendre cet enfant à un homme riche, chez qui il trouvera la nourriture, presque le seul besoin du nègre de la dernière classe. La piété filiale n'est pas non plus inconnue parmi ce peuple noir; je vais vous en donner une preuve éclatante, et ce nouveau récit effacera l'impression pénible que le premier a faite sur vos cœurs. Je tiens ce trait d'un médecin qui résidait au fort de Chistiansbourg (1), sur la côte de Guinée. Voici à peu près comme il me le raconta : ·

(1) *Histoire générale des Voyages.*
(2) Dans l'Afrique danoise, c'est-à-dire appartenant au Danemark.

Un nègre d'Agraffi, sur la rivière de Volta, se trouvait tellement chargé de dettes, qu'il lui était impossible de les payer. Il alla chez son créancier, et lui dit : « Je vous dois, mais je n'ai rien à vous donner que ma propre personne ; je consens à être vendu. » Le créancier accepta sa personne, et le conduisit au fort Kœnigstein, où il le vendit. On mit la chaîne au cou de ce pauvre homme, et on le transporta au fort. Il y demeura environ six semaines, en attendant que le navire qui devait le transporter en Amérique eût sa charge complète. Pendant ce temps, le fils, animé du noble désir de dégager son père, prit la noble résolution de lui procurer la liberté. La tendresse que son père lui avait témoignée, en s'abstenant d'user envers lui d'un droit qui lui appartenait par la nature et les lois du pays, lui en avait fait naître la pensée. Il vint au fort avec quelques-uns de ses parents, disant qu'il voulait échanger un esclave. Cela arrive assez souvent, lorsque les Européens y trouvent leur avantage.

Je me trouvai, ajouta le médecin danois, en ce moment au magasin ; je me fis présenter l'esclave qu'on désirait, et celui qu'on voulait mettre en sa place. Comme celui-ci était un beau jeune homme, qui avait par-dessus son père un bon nombre d'années à courir, l'échange fut bientôt agréé, et l'on mena ce pauvre malheureux à la chaîne. Dieu! quelle touchante scène, même pour le cœur endurci d'un marchand d'esclaves! Lorsque le fils du nègre d'Agraffi fut présenté à son père, et qu'il le vit à la chaîne, il lui sauta au cou, pleurant aux larmes, de joie et de plaisir, de ce qu'il avait le bonheur de pouvoir le délivrer. On relâcha les liens pour donner la liberté au père, et les resserra sur le fils. Il était parfaitement tranquille, priait son père de ne point se chagriner à son sujet. Dans ces entrefaites, continua le médecin, je racontai l'aventure au gouverneur, qui, touché de compassion jusqu'au fond de l'âme, parla au père et à ses parents, et leur demanda s'ils seraient bien en état de payer dans un certain temps l'argent que l'on avait donné pour lui. Ils s'y engagèrent; le fils fut délivré de ses liens, et tous ensemble s'en retournèrent fort contents chez eux (1).

SOPHIE. Ah! voilà une action vraiment admirable; elle me réconcilie avec les nègres. Je ne les croyais **que** des barbares, et je vois maintenant que ce sont des hommes capables de vertu

____

(1) Extrait des *Voyages en Guinée* de Paul Erdman Isert, pendant les années 1783, 1784, 1785 et 1786. Isert, qui rapporte ce fait, en a été témoin.

comme les blancs, qui se croient cependant bien au-dessus d'eux.

M. DE VILMARD. Ma chère demoiselle, il n'y a d'autre différence entre les blancs et les noirs que la couleur et le degré de civilisation. Quand le nègre a reçu l'instruction que l'on donne à l'Européen, tous deux sont égaux par les qualités, et tous deux doivent se regarder comme des frères, comme des créatures également favorisées par l'auteur de la nature. Tous les nègres sont aujourd'hui dans un véritable état de barbarie; mais c'est la faute des circonstances : ils peuvent apprendre ce que nous savons, et faire ce que nous nous croyons seuls capables de faire. Les blancs n'ont-ils pas été autrefois des barbares, de véritables sauvages? Ils peuvent retomber à l'état où sont les nègres; et, dans ce cas, ils ne vaudraient pas mieux qu'eux. Qui oserait même affirmer qu'après une longue révolution de siècles, les blancs, aujourd'hui orgueilleux de leurs connaissances et de la prééminence qu'elles leur donnent, ne verront pas l'Africain lui-même venir à son tour les marchander sur leurs propres côtes? Cette révolution, qui vous paraît impossible, peut cependant avoir lieu. Ainsi gardons-nous de croire que Dieu, qui est toujours juste, ait voulu que l'homme blanc soit au-dessus de l'homme noir; que le premier tienne son rang parmi les plus nobles créatures, et que l'autre ne soit qu'une espèce d'animal fait pour rester dans la condition des bêtes de somme; un pareil sentiment blesse également l'humanité et la religion.... et je suis bien sûr, mes enfants, que jamais il n'entrera dans vos cœurs. Je reprends le fil de mon sujet.

Pour faciliter la traite des nègres, ainsi que les autres affaires de commerce, les différents gouvernements européens ont établi des comptoirs ou factoreries sur les côtes de l'Afrique, c'est-à-dire qu'ils ont fait construire de grands bâtiments où ils entretiennent des commis qui achètent des esclaves à mesure que l'on en amène, et toutes les autres denrées du pays que l'on peut transporter ailleurs avec avantage. Outre ces comptoirs, on a élevé des forts où l'on tient des garnisons pour protéger le commerce contre toute insulte, et surtout pour intimider les habitants qui auraient quelquefois droit d'être mécontents des Européens. Le comptoir et le fort ne forment quelquefois qu'un même bâtiment.

Quand un marchand nègre amène des esclaves, il les fait mettre en rang; et les commis, accompagnés d'un chirurgien, les-examinent les uns après les autres, les paient suivant leur âge et leur force. Les prix vont de quatre à cinq cents livres pour un homme jeune, fort et bien portant ; et ces prix sont doublés quand l'esclave est arrivé en Amérique. Vous voyez que c'est à peu près ce que l'on donne chez nous pour un cheval de charrue. Le pauvre nègre, entre les mains du colon américain, ne sera guère mieux traité que le cheval dans la maison du fermier ; il laboura de même la terre, sera de même frappé, et ne sera pas davantage son maître.

Les bâtiments destinés à transporter les esclaves dans le Nouveau-Monde s'appellent vaisseaux négriers. On entasse dans ces prisons flottantes quatre ou cinq cents malheureux nègres, sans trop s'inquiéter s'ils seront bien ou mal.

Amédée. Comment en peut-on mener un si grand nombre à la fois ? Et combien donc faut-il de monde pour les contenir et faire en même temps le service du vaisseau ?

M. de Vilmard. Quarante à cinquante hommes suffisent pour tout cela, quelquefois moins encore ; et il n'y a là-dedans rien d'extraordinaire. Ce petit nombre d'hommes a des sabres, des pistolets et de petits canons, braqués sur le tillac et prêts à faire feu en cas de révolte. Les nègres, au contraire, sont fortement enchaînés deux à deux, et ne viennent jamais que peu à la fois respirer l'air pur sur le pont; une sentinelle armée d'un sabre qui tient à son poignet par une petite chaîne, les accompagne exactement, et élève aussitôt la main contre celui qui veut faire un effort pour regagner sa liberté. La mort menace de tous côtés ces malheureux; qu'oseraient-ils tenter? quelle espérance pourraient-ils avoir? Quand ils se révoltent, ce qui leur arrive cependant quelquefois, c'est presque toujours un véritable acte de désespoir; c'est qu'ils sont décidés à périr : j'en ai vu un triste exemple pendant mon séjour sur la côte de Guinée.

Les esclaves d'un négrier hollandais se révoltèrent le jour même du départ, remportèrent la victoire sur les Européens, et les massacrèrent tous, à l'exception d'un jeune apprenti qui s'était retiré à la pointe du grand mât, avant qu'ils se fussent rendus maîtres des blancs. Ceux-ci avaient tiré plusieurs coups de détresse; on les avait entendus de la côte, et l'on avait envoyé à leur secours quantité de canots avec des nègres libres bien armés. Quand les esclaves les virent près du navire, et qu'ils eurent reconnu qu'ils ne pouvaient l'emporter, ils prirent la résolution terrible de mourir tous par un même coup. Aussitôt un de ces furieux saisit un tison enflammé,

court à la soute aux poudres, y met le feu... et
au même instant le vaisseau éclate et se brise en
mille pièces avec un horrible fracas. Les canots
ne purent pêcher qu'une trentaine d'esclaves avec
le jeune apprenti; tout le reste, au nombre de
plus de cinq cents, périt dans les eaux (1).

Les esclaves d'un négrier anglais, qui se révoltèrent quelque temps après, ne furent guère
plus heureux. Ils avaient aussi massacré tous les
Européens; ils avaient coupé les câbles des an-
cres, et laissé le navire dériver sur la côte. Quand
ils se crurent assez près de terre, ils sautèrent
dans l'eau; mais malheureusement pour eux, à
mesure qu'ils arrivaient, les nègres libres qui
étaient sur la côte avaient soin de les recevoir,
et dès le lendemain ils furent revendus aux marchands européens, qui, cette fois-ci, eurent soin
de faire bonne garde.

Mon médecin danois, celui même qui me raconta l'anecdote du jeune nègre qui prit les fers
de son père, faillit périr au milieu d'une sédi-
tion d'esclaves; j'ai vu les détails de cette aventure funeste dans les lettres qu'il a publiées au
retour de son voyage. Il s'était embarqué sur un
vaisseau négrier, pour se rendre de la côte d'Or

(1) Voyage d'Isert, médecin danois.

en Amérique; ils n'étaient en tout que trente-six Européens pour maintenir quatre cent cinquante-deux nègres; la disproportion était beaucoup trop grande, et pensa leur coûter bien cher. Comme j'ai apporté avec moi le recueil de ses lettres, je vais vous lire le passage où il est question de cet événement, et je commencerai à l'endroit où il fait la description du vaisseau qu'il montait; cela vous fera connaître mieux encore la situation des esclaves nègres au moment de leur départ.

« Un navire négrier, dit-il, est construit de manière que le pont ou le tillac est coupé par une planche haute et forte, que l'on appelle le fort. La partie de cette paroi qui regarde l'avant du navire, est unie, sans la moindre fente ni crevasse, afin que les nègres ne puissent point agrandir les ouvertures avec leurs ongles. Au-dessus de cette séparation on place autant de petits canons et d'armes à feu que la planche en peut porter, toujours chargés, et que l'on décharge tous les soirs pour tenir le nègre en crainte. Il y a toujours une garde auprès, qui doit donner une grande attention à tous les mouvements des esclaves. Du côté de la paroi qui regarde l'arrière du navire, sont les femmes et les enfants. De l'autre côté, sur l'avant, sont les hommes, qui ne peuvent voir les femmes; ils sont d'ailleurs accouplés deux à deux dans des fers qui contiennent leurs mains et leurs pieds. A travers chaque rang, dans lesquels on les place sur le pont, il passe encore une chaîne entre leurs jambes, de façon qu'ils ne peuvent ni se lever, ni faire le moindre mouvement sans permission. Ils l'obtiennent le matin pour venir sur le pont, et le soir pour retourner dans l'intérieur du navire : mais, comme leur nombre est si grand, ils ne peuvent que, de deux jours l'un, jouir de ce rafraîchissement, et demeurent le reste du temps à fond de cale, pressés comme des harengs dans une caque.

» A la seconde journée de notre navigation, continue mon médecin, comme la plupart des esclaves krépéens se trouvaient sur le pont, se manifesta la révolte. Je m'y trouvait dans ce moment seul avec les nègres; je causais avec quelques krépéens, dont j'entendais la langue; ils sont, avec les Dunkos, ceux dont les mœurs sont les plus douces. Comme dans un bâtiment si rempli on entend un murmure continuel, mon attention fut réveillée tout-à-coup par un profond silence; la plus grande partie de notre monde prenait dans ce moment son repos. Mon premier mouvement fut d'aller à l'avant du navire pour voir si chacun était à son poste, dans le cas où

les nègres méditeraient quelque insurrection.
Comme j'étais à moitié chemin, je vois la porte
du fort s'ouvrir. C'était le premier pilote qui venait à moi. Dans le même instant j'entends re-
tentir un cri de tous les nègres, du ton le plus
affreux; il ressemblait à celui que j'avais entendu lorsqu'ils livrent bataille. En poussant ce
cri, tous les hommes, assis auparavant, se levèrent. Quelques-uns me frappèrent sur la tête
avec les fers qu'ils avaient aux mains : je tombai
par terre; mais, comme ils étaient aussi pris par
les jambes, revenu à moi, je me traînai au travers et atteignis la porte du fort. Mais ce fut en
vain que je voulus me la faire ouvrir; à peine
fut-elle entr'ouverte, qu'un si grand nombre s'y
jeta, qu'on eut toutes les peines du monde à la
refermer. Et c'est une politique toute naturelle
de laisser égorger quelques Européens plutôt que
de souffrir que les nègres se rendent maîtres de
la porte; car alors ils seraient sur l'arrière, qui
est rempli d'armes, et ce ne serait plus qu'un
jeu pour eux de se rendre maîtres du navire. On
ne me laissa pas longtemps près de la porte; d'autres coups que je reçus m'eurent bientôt jeté par
terre. On savait alors à l'arrière ce qui se passait sur l'avant. Nos gens montèrent d'abord sur
la paroi de séparation, et en défendirent l'ap-

proche à coups de baïonnette. Les nègres, de leur côté, pour m'ôter la vie plus à leur aise, me traînèrent par les pieds jusqu'au bout de l'avant, où l'un d'eux, avec un rasoir qu'il avait arraché de la main de celui qui le rasait au moment où la conjuration éclata, me fit une taillade au front, à la tempe et aux oreilles, et cherchait à pénétrer plus avant dans le cou, qui était garanti par un mouchoir de soie fort épais. Comme il s'efforçait de le couper, une balle lâchée du fort le coucha raide mort, et ceux qui me tenaient lâchèrent prise, ce qui fit ma délivrance. On tira d'autres coups du fort, et surtout des canons, qu'on avait chargés de pois. Les nègres se retirèrent alors le plus en avant qu'ils purent pour échapper au carnage. La porte du fort se trouva libre, et comme il me restait encore assez de force pour m'y traîner, je laissai sur le pont la trace de mon sang, car j'avais l'artère coupée. Le pilote avait aussi reçu quelques blessures, mais pas si dangereuses que les miennes ; et, comme il était meilleur marin que moi, il était descendu de bord aux écoutilles, par où il avait grimpé de l'autre côté du fort. On fit alors une sortie pour forcer les nègres, qui s'étaient déjà délivrés de leurs fers, à retourner dans leurs loges de gré ou de force. Et comme on s'avançait les armes à la main, une partie des nègres, qui n'avait point eu part à la conjuration, se retira, sans faire de difficulté, à fond de cale; mais les autres, voyant qu'ils ne pouvaient parvenir à leur but, sautèrent tous ensemble dans la mer. Quelques jeunes gens, qui n'avaient pas assez de courage pour faire le périlleux saut, furent poussés par leurs aînés. On s'assura d'abord de ceux qui étaient restés sur le pont; on mit en diligence des chaloupes à la mer, et l'on en pêcha autant que l'on en put attraper, les uns vivants, les autres morts. C'était quelque chose de bien étonnant que de voir ces gens accouplés, n'ayant absolument qu'une main et une jambe de libres, les autres étant dans les fers, se tenir cependant sur l'eau, et nager avec adresse. Quelques-uns étaient absolument déterminés à mourir, rejetaient la corde qu'on leur tendait pour les retirer dans le navire et plongeaient pour n'être pas atteints. Il y en eut entre autres un couple qui n'était pas d'accord : l'un désirait d'être sauvé, l'autre ne le voulait pas. Celui qui désirait la mort tenait sous lui, dans l'eau, son camarade, qui poussait des cris effroyables. L'un et l'autre furent tirés de l'eau, mais celui qui voulait mourir avait déjà rendu l'âme.

» Cette révolte dura plus de deux heures avant

qu'elle pût être apaisée. D'après la revue que l'on fit, il se trouva que nous avions perdu trente-quatre nègres, partie dans l'action, partie dans les eaux; parmi les Européens, il n'y eut que les deux blessés dont on a fait mention. »

AMÉDÉE. Je vois, Monsieur, d'après ce que vous venez de nous rapporter, qu'il n'y a pas grande sûreté sur un navire chargé d'esclaves.

M. DE VILMARD. Cela est vrai; mais quel intérêt voulez-vous qu'un malheureux, réduit en quelque sorte à la condition des animaux, porte au marchand qui l'a acheté pour le revendre avec profit? Il doit nécessairement le regarder comme son ennemi mortel; et, quand il peut se venger, il le fait avec toute la cruauté dont il est capable.

Ce qui fait le plus grand malheur des nègres, ce n'est pas de se voir dans l'esclavage : la plupart d'entr'eux y étaient déjà en Afrique; c'est d'être arrachés à leur patrie pour être conduits sur une terre qu'ils ne connaissent pas, et dont ils n'ont entendu parler que de la manière la plus propre à les effrayer. Il court parmi eux une multitude de bruits qui leur font regarder les colons américains comme les plus barbares et les plus inhumains des hommes; quelques-uns de ces pauvres gens s'imaginent qu'on ne les achète que pour les manger au milieu des festins; d'autres pensent que nous ne pouvons fabriquer la poudre qu'avec leurs os. J'ai vu un de ces infortunés me demander en tremblant si les bottes que j'avais aux jambes n'étaient pas faites de peau de nègre : il m'observait qu'elles étaient de la même couleur. Ils ne peuvent croire qu'on les destine seulement à cultiver la terre, le travail qu'exige l'entretien de la vie demandant si peu de mains et de temps, et ce transport de tant de noirs dans un pays étranger leur paraissant, sous ce rapport, absolument inutile. Leur esprit est tellement frappé de ces bruits, que c'est en vain qu'on cherche à leur rendre le courage en détruisant ces chimères ; ils ne veulent rien écouter ; et trop souvent les barbares traitements des Européens à leur égard sont bien propres à les affermir dans leur sentiment et leurs craintes. Aussi préfèrent-ils ordinairement la mort à l'esclavage en Amérique ; et il faut user de toutes sortes de précautions pour leur ôter les moyens de s'arracher la vie : il y a des capitaines de navire qui portent ce soin jusqu'à ne point leur laisser une bande étroite de toile, dans la crainte qu'ils ne s'étranglent, ce qui est arrivé plus d'une fois. On a remarqué que le meilleur moyen de les arracher à leurs peines est de faire de la musique autour d'eux ; comme ils sont passionnés pour la musique, ils oublient tout, et se livrent au seul plaisir qui les occupe alors tout entiers; avec ce moyen, beaucoup plus digne de l'homme que les coups de fouet et les menaces, on conduit assez tranquillement une cargaison dans le Nouveau-Monde.

Comme je m'aperçois, mes enfants, que le tableau que je viens de vous offrir de la misère des nègres esclaves a affligé vos cœurs, je dois les consoler en vous apprenant que l'Europe, plus éclairée, commence à regarder avec horreur la traite des nègres. La France a eu la gloire de s'élever la première contre ce trafic odieux (1). La première elle voulut rendre libres les nègres de ses possessions coloniales; mais trop d'empressement, et la mauvaise foi de quelques agents

(1) Il est à remarquer que la France est aussi une des nations européennes qui se soient décidées des dernières à blesser l'humanité en achetant des nègres pour les transporter dans ses établissements d'Amérique. Louis XIII se défendit longtemps de signer l'édit qui permettait ce commerce, parce que, disait-il, le Français était un peuple essentiellement libre, et que ses rois ne devaient voir aucun esclave dans leurs états. Ce sentiment était beau, digne d'un roi de France, digne d'un peuple généreux, et n'est pas encore éteint dans nos cœurs.

Nos assemblées législatives, dans les dernières années du règne de Louis-Philippe, se sont occupées très sérieusement de l'abolition de la traite des noirs.

de son autorité, ont fait tourner à son détriment ses intentions bienfaisantes : il n'est résulté de ses tentatives que des massacres horribles et une révolte ouverte. Les États-Unis d'Amérique, qui songent aussi à donner la liberté à leurs nègres, seront sans doute plus heureux dans l'exécution de ce louable projet : afin de ne point ruiner le maître et de ne point abandonner tout à coup l'esclave à lui-même et à un dénuement absolu, on a décidé que l'on ne rendrait libres les esclaves que successivement et lorsqu'ils auraient donné un certain nombre d'années de travail équivalant au prix qu'ils ont coûté. Cette mesure est sage ; peu à peu l'esclavage disparaîtra, nul n'en souffrira, et les nègres ne seront plus parmi les blancs que des ouvriers que l'on paiera en raison de leurs peines, comme partout ailleurs.

Sophie. Cette espérance me donne une véritable joie.

Marcellin. Monsieur, puisque nous avons fait un saut en Amérique, auriez-vous la complaisance de nous dire quelles sont les occupations que l'on y donne aux nègres, et si leur sort est moins misérable que pendant la traversée ?

M. de Forbin. Ah ! mon ami, n'oublions pas le proverbe qui dit : A chaque chose son temps. Nous nous entretiendrons peut-être un jour de l'objet de ta question ; mais aujourd'hui nous parlons de l'Afrique, et je me souviens très bien que M. de Vilmard est encore devant la côte des Esclaves, et n'a point débarqué.

M. DE VILMARD. Cela est vrai : nous avons fait sur la traite des nègres une digression assez longue ; il faut revenir à mon voyage.

Nous nous étions arrêtés sur les côtes du petit royaume de Juida (1), qui fait partie du pays que l'on désigne sous le nom de côte des Esclaves. Quand, du vaisseau, je pus promener mes regards sur la terre qui était devant nous, je crus que j'allais descendre dans un lieu de délices, dans les Champs-Élysées, dans un véritable paradis. Je n'avais pas encore vu de perspective plus riche et plus riante en même temps ; et tous les voyageurs qui ont visité ces parages s'accordent à regarder cette contrée comme une des plus agréables de l'univers. Les arbres y sont d'une grandeur et d'une beauté admirables. La verdure des campagnes, bien cultivées, qui ne sont divisées que par des bosquets ou par de jolis sentiers, et la multitude des villages qui se présen-

(1) C'est le petit royaume de Whidah ou Juida, état jadis indépendant, qui a une capitale du même nom. Il fait partie de la Nigritie maritime.

tent dans un si bel espace, forment un des plus beaux tableaux qu'on puisse imaginer. Il n'y a ni montagnes ni collines qui arrètent la vue ; tout le pays s'élève doucement comme un vaste et magnifique amphithéâtre, et présente aux yeux enchantés du navigateur tout ce qui doit faire le bonheur de l'homme. On découvre au travers d'une multitude de groupes de bananiers, de figuiers, d'orangers et de palmiers, une infinité de maisons couvertes de paille et couronnées de cannes.

L'idée seule des habitants gâte tout ce superbe paysage et détruit l'espoir des plaisirs qu'on s'y promettait : on a de la peine à placer l'image du bonheur dans une contrée où le premier des trésors, la liberté, n'est compté pour rien, et où l'homme cruel vend son semblable de sang-froid, et comme si c'était une brute ou plutôt une marchandise inanimée.

Les nègres de Juida, en partageant les défauts des autres Africains leurs voisins, ont cependant des qualités qui leur sont particulières : ils sont surtout laborieux ; chez eux tout est cultivé, semé, planté, jusqu'aux enclos des villages et des maisons ; ils n'abandonnent que les terres absolument stériles. Leur activité va si loin, que le jour de leur moisson ils recommencent à semer, sans laisser à la terre un moment de repos. Aussi leur territoire est si fertile, qu'il produit deux ou trois fois l'année : les pois succèdent au riz, le millet vient après les pois, le blé de Turquie après le millet, les patates et les ignames après le blé de Turquie. Les bords des fossés, des haies et des enclos, sont plantés de melons et de légumes; il ne reste pas un pouce de terre en friche; et leurs grands chemins ne sont que des sentiers. Cette activité et cet amour du travail les rendent les plus heureux habitants de ces côtes, et ne font que mieux ressortir la paresse et l'insouciance des autres nègres.

Tous ces pays, voisins de l'équateur, éprouvent des chaleurs excessives, et la différence du temps fait seul distinguer les saisons. On n'y en connaît que deux : l'été et l'hiver; mais cette dernière ne se fait point sentir, comme chez nous, par la neige et la glace. L'hiver, qui commence au mois de mars et qui finit à la fin d'août...

Paul. Comment! l'hiver qui commence au mois de mars et finit à la fin d'août! Mais, Monsieur, c'est là précisément le temps de l'été...

M. de Vilmard. Oui, chez nous; mais sous les tropiques c'est tout le contraire : quand notre pays est affligé par les froids rigoureux, la Guinée jouit de l'été; et quand nous avons l'été, nous autres, les habitants de ces climats sont dans leur hiver ; mais, comme je vous le disais, cet hiver ne ressemble en rien au nôtre : c'est justement le temps où les campagnes sont plus belles, ornées d'une verdure plus fraîche et chargées de moissons plus abondantes.

NINETTE. Oh ! que cela est singulier ! Et d'où vient donc, s'il vous plaît, Monsieur, cette différence de l'hiver des nègres avec le nôtre ?

M. DE VILMARD. C'est que pendant cet hiver la chaleur un peu modérée ne brûle plus la terre, et que les pluies, qui tombent avec force, rafraîchissent les plantes, leur donnent une nouvelle vigueur et les font paraître plus belles qu'auparavant. L'été, qui est un temps de sécheresse, semble, au contraire, ramener la stérilité, en grillant les feuilles et les fleurs, et écorchant en quelque sorte la surface des campagnes. Ces effets des deux saisons sont les mêmes dans tous les pays placés entre les tropiques : l'Américain rougeâtre de Cayenne (1) les éprouve comme le noir habitant de la Guinée.

Dès que les nègres aperçurent notre vaisseau, ils vinrent dans leurs canots au-devant de nous, et nous offrirent du poisson, qu'on leur paya en

____

(1) Très petite ville de la Guyane française.

eau-de-vie : c'est une coutume ; ils nous aidèrent ensuite à débarquer et à dresser sur le rivage des tentes où nous voulions rester jusqu'à l'époque de notre départ. Tout cela exigea une journée de travail. Le lendemain on s'occupa du commerce. Comme ce n'était point mon affaire, j'employai mon temps à parcourir le pays et à en observer les mœurs. Je me rendis à Fida, la plus considérable ville de la contrée, et le marché le mieux approvisionné de la côte. Ce marché a lieu tous les quatre jours. On y voit arriver de toutes parts des marchands avec leurs diverses denrées. Les Européens, les riches nègres et les seigneurs du pays s'y font porter dans des hamacs, sur les épaules de leurs esclaves.

NINETTE. Monsieur, qu'est-ce qu'un hamac?

M. DE VILMARD. J'allais vous l'expliquer, mon enfant. Un hamac ordinaire, tel que les matelots s'en servent dans les navires, n'est qu'une pièce carrée de grosse toile, que l'on suspend au plancher à l'aide de quatre cordes, et sur laquelle on se couche pour dormir. Mais les hamacs dont il est ici question sont faits avec beaucoup plus de soin : ils sont ordinairement de coton, les uns d'étoffe continue comme le drap, les autres à jour comme nos filets pour la pêche ; leur longueur ordinaire est de sept pieds sur dix, douze et quatorze de largeur. Aux deux extrémités il y a cinquante à soixante nœuds d'un tissu de soie ou de coton, chacun de la longueur de trois pieds. Tous les rubans de chaque bout s'unissent pour composer une chaîne au travers de laquelle on passe une corde qu'on attache des deux côtés au bout d'une canne de bambou longue de quinze ou seize pieds; de sorte que le hamac suspendu prend la forme d'un demi-cercle. Deux esclaves portent les deux extrémités de la canne sur leur tête. La personne qui se fait porter, s'assied ou se couche dans toute sa longueur dans le hamac; mais elle ne se met pas en ligne directe, parce que, dans cette situation, elle aurait le corps plié et les pieds aussi hauts que la tête. Sa position est diagonale, c'est-à-dire qu'ayant la tête et les pieds d'un coin à l'autre, elle est aussi commodément que dans un lit. Les personnes riches se servent d'un oreiller qui les soutient.

NINETTE. Mais cette voiture-là doit être fort commode?

M. DE VILMARD. Elle est surtout très douce : on y peut dormir fort à son aise, et le léger *bercement* qu'on y éprouve amène naturellement le sommeil. Pour se mettre à couvert des rayons brûlants du soleil, on place un parasol au-dessus de sa tête; et, si l'on voyage la nuit, on passe sur la canne une toile cirée, qui garantit de la rosée, qui est fort dangereuse dans le pays. Ce fut dans un équipage semblable que j'arrivai à Fida. Je fus vraiment charmé de l'aspect du marché et de l'ordre qui y régnait. Chaque espèce de marchands et de marchandises a sa place assignée. Il est permis à ceux qui achètent de marchander aussi longtemps qu'il leur plaît, mais sans tumulte et sans fraude. Le roi nomme un juge, assisté de quatre officiers bien armés, qui a non-seulement le droit d'inscription sur toutes sortes de commerce, mais celui d'écouter les plaintes et de les terminer par une prompte décision, c'est-à-dire en vendant pour l'esclavage ceux qui sont convaincus de vol ou d'avoir troublé le repos public. Il ne manque rien à ce marché : on y vend des esclaves, des bœufs, des moutons, des chèvres, des chiens et de la volaille, des oiseaux, des singes et d'autres animaux, des draps, des toiles, des étoffes de soie, de la porcelaine, enfin toutes sortes de marchandises d'Europe, d'Afrique et d'Asie. Autour de la place on trouve de petites baraques où sont des cuisiniers ou traiteurs pour la commodité du public : enfin l'on y trouve de tout, et si le peuple noir qui vous environne et les chétives maisons qui frappent vos yeux ne vous rappelaient pas que vous vous trouvez en Afrique, vous pourriez imaginer que vous êtes dans quelqu'une de nos foires.

La monnaie courante dans tous les marchés est de la poudre d'or et des bujis...

Je vois que vous allez m'arrêter ici ; je préviens vos questions.

La poudre d'or se recueille dans quelques rivières du pays. Un grand nombre d'habitants font leur principale occupation de chercher ce précieux métal, et plongent quelquefois l'espace d'un quart-d'heure. Leur méthode est de plonger la tête la première, en tenant à la main une calebasse qu'ils remplissent de sable ou de tout ce qui se trouve au fond de l'eau. Ils répètent ce travail jusqu'à ce qu'ils soient fatigués. Alors, s'asseyant sur la rive, ils mettent deux ou trois poignées de leur sable dans une gamelle de bois ; et, la tenant dans la rivière, ils remuent le sable avec la main, pour faire emporter les parties les plus légères par le courant de l'eau. Ce qui reste au fond du vase est une poudre jaune et pesante, qui est quelquefois mêlée de grains beaucoup plus gros. Voilà la poudre d'or.

Les bujis sont de petites coquilles qui servent de monnaie. On les enfile dans un cordon, et il en faut un certain nombre pour faire une petite somme qu'on nomme un *toqua*. Il y a un magistrat qui parcourt le marché, qui examine les cordons, compte les coquilles, et les confisque au profit du roi, dès qu'il en manque une seule.

Dans le temps que j'examinais tout ce qui se passait autour de moi, j'entendis un certain murmure qui attira mon attention, et vis un mouvement qui me parut extraordinaire. On me dit que c'était le gouverneur de la ville qui s'avançait. Je l'aperçus bientôt : il était à cheval et environné de deux cents nègres armés. Une troupe de musiciens marchait devant lui. Toutes les personnes qui se rencontrèrent sur son passage se jetèrent à genoux, se courbèrent le visage contre terre, et firent claquer leurs mains à trois différentes reprises. Chaque nègre qui le rencontre est obligé de lui témoigner ainsi son respect ; celui qui y manquerait serait puni de mort. Tous ceux qui ont besoin de lui parler commencent par s'acquitter de cette cérémonie. Le gouverneur répond à toutes ces démonstrations par un léger claquement de mains. Lorsque les nègres ont satisfait à ce qu'exige l'usage, ils s'entretiennent avec lui aussi familièrement qu'avec tout autre nègre. En général, les habitants de Juida poussent la politesse à l'extrême ; les Chinois, si renommés sous ce rapport, ne sont que des écoliers auprès d'eux.

Je ne vous entretiendrai pas de tout ce qui m'arriva dans ce pays, pendant un mois que j'y restai, cela n'en vaut pas la peine; je ne m'arrêterai que sur ce qui concerne les mœurs; c'est ce qu'il importe le plus de savoir, et ce qui peut intéresser le plus vivement votre curiosité.

Je logeai quelques jours chez un *kabaschir,* c'est le nom que l'on donne aux gouverneurs de province et à ceux qui ont les premiers emplois du gouvernement. Pendant mon séjour chez lui, il s'avisa de se marier pour la cent ou cent-dixième fois.

Sophie. Et combien donc avait-il de femmes?

M. de Vilmard. Oh! seulement une centaine; aussi se plaignait-il d'en avoir si peu. Il me parlait beaucoup d'un autre kabaschir, de ses amis, qui était assez heureux pour en avoir deux cents, et parlait davantage encore du roi d'Achanti (1), qui en a trois mille. La dignité d'un seigneur nègre dépend du nombre de ses femmes, et ce nombre prouve sa puissance et ses richesses.

Vous pensez bien qu'un mariage amène tou-

____

(1) C'est le pays des Achantis, puissant état qui fait partie de la Nigritie maritime.

jours une fête, même en Afrique; mais les cérémonies ne sont pas longues. Le principal est de pouvoir donner au père de la fille que l'on demande, à peu près le prix d'un esclave : c'est par là que l'on commence; on marchande un peu de part et d'autre, et l'on finit par tomber d'accord. Ce marché terminé, on convient du jour de la noce, qu'on appelle *cassare*. La veille de ce beau jour, mon kabaschir envoya tous ses présents à la maison de son beau-père : ils consistaient en six ou huit ceintures de différentes étoffes, en eaux-de-vie, quelques douzaines de pipes, divers coraux et une once de *kauris*. Les kauris sont de petites coquilles comme les bujis, et qui servent également de monnaie. Le beaupère, après avoir tout examiné, fit savoir au kabaschir qu'il pouvait envoyer le lendemain prendre sa promise. Cette réponse fut le signal du plaisir. Tous les esclaves se mirent à faire les apprêts de la noce, c'est-à-dire à préparer du *pytto* en abondance (c'est une espèce de bière faite avec du maïs ou blé de Turquie), et à recueillir du vin de palmier. On se procure cette dernière boisson de deux manières : la première et la plus expéditive est de déraciner un vieux palmier, de coucher sa tige de façon que le milieu repose sur la fosse que l'on vient de creu-

ser, d'y faire une entaille profonde, et de placer
dessous un vase où tombe la sève de l'arbre :
cette sève, qui est très abondante, est le vin de
palmier. On n'en obtient par cette méthode, les
quatre premiers jours, dans l'espace de vingt-
quatre heures, que quelques pintes; mais dans
les huit ou dix derniers jours, cela va jusqu'à
dix et quinze pintes; après quoi l'arbre meurt.
L'autre méthode consiste à abattre la couronne
d'un palmier, à faire une fente à la tige et à y in-
sérer une de ses feuilles : on courbe cette feuille
par en bas, et le goulot que cela forme aboutit
à un vase ou à l'ouverture d'une calebasse : le
suc y descend goutte à goutte, et un arbre de
moyenne grosseur donne ainsi, dans vingt-quatre
heures, deux pintes de vin; mais on ne peut pas
en faire usage plus de trois jours, sans quoi l'arbre se dessécherait à l'ardeur du soleil. Ce vin
est fort agréable à boire : dans les deux premiers
jours il est sain et rafraîchissant; mais il devient
ensuite aigre et porte à la tête. Aussi a-t-on coutume de le boire le jour ou le lendemain du
jour où on l'a recueilli. C'est, après l'eau-de-vie,
la boisson la plus délicieuse que connaisse un
nègre.

Le jour du mariage, vers midi, l'époux, jugeant
que sa promise était habillée, envoya chez elle

pour lui faire demander si elle aurait pour agréable de le venir visiter. La réponse fut affirmative, et la belle parut bientôt elle-même, au milieu de ses parents et d'une troupe de femmes dans leurs habits de gala. La mariée portait sur elle tout ce qu'elle possédait de plus recherché, de plus précieux. La toilette et celle des gens de la noce mérite bien une description. La principale partie du vêtement est le *teklé* ; c'est une petite bande d'étoffe assujettie à une ceinture, et que l'on passe entre les cuisses, en laissant pendre les deux bouts par devant et par derrière. Ce teklé est porté par les hommes et par les femmes également. On met par-dessus le *pagne*, c'est-à-dire une pièce d'étoffe plus ou moins riche, qui fait deux ou trois fois le tour des reins, et qui retombe jusqu'au genoux : ce pagne, dont je vous ai déjà dit un mot, est de même commun aux hommes et aux femmes. Notre mariée en avait deux ou trois l'un sur l'autre ; on en use ainsi dans les jours de cérémonie. Les nègres du peuple n'ont que le pagne et le teklé ; mais les riches, et surtout les femmes, y ajoutent une multitude d'ornements, sans cependant jamais cacher le corps depuis les épaules jusqu'aux reins ; cela ne serait ni poli ni décent : les chefs se permettent seuls de couvrir cette partie en présence de leurs inférieurs; mais, si ces derniers s'avisaient de les imiter devant leurs chefs, ils en seraient rigoureusement punis. Les deux sexes portent aux bras et aux jambes des anneaux ou bracelets d'or, d'argent, d'ivoire, ou seulement de laiton; ils ont aussi des colliers de corail ou de petits coquillages. Les vieillards qui blanchissent se font raser entièrement la tête; les jeunes gens ne s'en font raser qu'une partie, mais d'une manière très symétrique. Les uns ont sur la tête le plan d'une forteresse; les autres, une fleur, un bouquet, un parterre entier ou toute autre figure; chacun suit son caprice. On assujettit, dans les jours de fête, une lame d'or aux cheveux qui restent. La mariée avait, en outre, une belle plume rouge de perroquet, et des étoiles blanches, bleues et rouges, qu'on lui avait peintes sur le front et les joues.

Quand elle arriva à la porte de son époux, on s'empressa d'aller au-devant d'elle. Les convives furent aussitôt régalés de toutes sortes de rafraîchissements, et chacun d'eux reçut une pipe et du tabac. Le repas vint après, et la danse qui commença le soir, ne finit que le lendemain au point du jour. Comme les nègres vivent sous le climat le plus doux et dans un pays délicieux, il est naturel qu'ils aient le goût des plaisirs et des divertissements; ils passent la plus grande partie de leur vie à se réjouir, et ne donnent que peu de temps au travail, la nature libérale n'exigeant de leur part que peu de peines pour leur donner la subsistance. Ils ont beaucoup de jeux, et en ont de très spirituels; le malheur est qu'ils aiment trop ceux que l'on nomme de hasard : on a vu des nègres y jouer, non seulement leurs richesses, mais encore leurs femmes, leurs enfants, et ensuite leur propre personne; le nègre qui avait gagné vendait sans pitié toute la famille.

Quelques jours après ce mariage, j'eus occasion d'assister à un enterrement. Les nègres ont coutume d'y mettre beaucoup de pompe. Dès qu'un malade est prêt à rendre son dernier soupir, ses parents et ses amis l'entourent et le tiennent sur son séant, en l'appelant sans cesse de toutes leurs forces, en l'invitant à boire et à manger, et en le priant de demeurer avec eux; c'est au milieu de ce charivari que le pauvre homme expire. On ne continue pas moins de l'appeler; mais quand on voit qu'il s'obstine à ne plus répondre, on lui met sa ceinture blanche, et l'on attache son corps sur une planche ou on le met dans un cercueil. On l'enterre ensuite dans la chambre même où il est mort, aux chants lamentables et aux hurlements de toute la famille.

Les grands louent à cet usage des pleureuses qui leur rendent cet office l'espace de huit jours. Pendant ce temps-là tous les jeunes gens s'assemblent dans leur habillements de guerre, et viennent tirer des coups de fusil la moitié de la journée ; on leur donne des rafraîchissements aux frais de la famille. Quand le défunt est un kabaschir, les villes d'alentour envoient des présents, pour rendre les funérailles aussi brillantes qu'il leur est possible. Dans ce cas, tant que dure la cérémonie, on peut se livrer à toutes sortes d'excès, sans crainte de punition. Personne n'ose laisser sortir ses brebis ou ses autres animaux, et il est permis, pendant tout ce temps, de s'en emparer, de les égorger et de les manger ; c'est un passe-temps, même un honneur rendu à la mémoire du défunt. Les plus proches parents portent une espèce de deuil, qui consiste à mettre une ceinture de couleur bleu foncé, et à ne point faire usage d'or, ni de corail.

Les habitants de Juida ont une idée obscure de la résurrection. Ils croient qu'après la mort l'homme va dans un autre monde, où il occupera le même emploi qu'il a eu sur cette terre : de là dérive la barbare coutume, à la mort d'un roi ou d'un kabaschir puissant, de faire mourir un certain nombre de ses femmes et de ses domestiques, et de les enterrer avec lui, afin qu'il puisse en faire usage à son arrivée dans l'autre monde.

PAUL. Quoi! cette horrible coutume, qui vous avait effrayé dans le royaume de Benin, se trouve dans celui de Juida?

M. DE VILMARD. On la retrouve du plus au moins sur toute la côte de Guinée. Dans le temps que j'étais à Juida, arriva la fête de l'ancien roi de Dahomey (1), le conquérant du royaume de Juida, dont le fils régnait alors. Cette fête est remarquable par le nombre des victimes humaines que l'on y sacrifie. Les principaux blancs qui se trouvent dans les forteresses sont invités à y assister, et ne peuvent guère refuser cette invitation. Je m'y rendis avec eux. C'est dans la ville d'Abomey, à trois grandes journées de Fida, qu'elle a coutume de se célébrer. Tous les kabaschirs et ce qu'il y a de plus apparent parmi le peuple y accourent de toutes les provinces du royaume. Les Européens sont traités de la cuisine du roi. On bâtit une galerie en forme d'échafaud, où le

____

(1) Le royaume de Dahomey est un des plus grands et des plus puissants de la Nigritie. Il est bien déchu depuis la moitié du XVIIIe siècle. Sa capitale est Abomey. Elle peut avoir 24,000 habitants, d'après tous les géographes.

roi se place avec sa suite et les blancs. Le peuple se tient autour des députés de chaque ville. On apporte une quantité de marchandises européennes, d'étoffes, d'eau-de-vie et de kauris, ces derniers enfilés en rangs, de la valeur de deux écus, enfin de toutes sortes de vivres; tout cela est rangé sur l'échafaud. Le roi appelle un des kabaschirs. Celui-ci se présente en rampant, et reçoit l'ordre du roi, qui porte qu'il doit prendre tant de rangs de kauris, d'étoffes et d'autres objets, pour les jeter au peuple de sa ville. Celui-ci obéit aussitôt, et chaque kabaschir vient à son tour pour en jeter autant à ceux de sa ville qui l'ont suivi : mais la conclusion qui couronne la fête est un usage de la dernière barbarie. On garde pendant l'année, pour cette cérémonie, quarante à cinquante nègres, soit prisonniers de guerre, esclaves du roi ou malfaiteurs. Cinq ou six, étroitement liés au pied de l'échafaud, sont témoins de la joie de la fête et attendent, dans les tourments de l'incertitude, que l'on prononce leur sentence. Lorsque tout est distribué, on mène les victimes désignées devant le roi, qui les envisage, les reconnaît pour celles, qui sont dévouées, ordonne leur supplice; et on leur coupe la tête sur un bloc.

L'un des ministres, là présent, tient une tasse;

on la remplit du sang de ces malheureux, on la présente au roi; il y plonge le bout de son petit doigt et le porte sur sa langue. On jette les corps morts autour du tombeau du roi, objet de cette fête abominable, et l'on expose les têtes sur des piquets. Cette exécution, qui se réitère dix à quatorze fois, finit la pompe de ce jour.

Cette horrible cérémonie semble être un symbole de ce qui se pratiquait autrefois, parmi les nègres, à l'égard des prisonniers qu'ils étaient dans l'usage de manger. Ils ne le font plus aujourd'hui, et jamais ils n'exposent la chair humaine sur leurs marchés, comme quelques voyageurs l'ont avancé. Si l'on demande au roi pourquoi il n'abolit pas une pratique aussi effroyable, qui est même contraire au bien de ses finances, puisqu'il pourrait tirer beaucoup d'argent de ces esclaves qu'on exécute, il répond qu'il n'est pas en son pouvoir d'abroger un usage aussi ancien que la monarchie, et qu'il aurait lieu de craindre quelque rébellion de la part de son peuple.

Le despotisme que le roi de Dahomey exerce sur ses sujets est très absolu; je vous en rapporterai un exemple frappant. Un jour qu'il allait monter sur l'échafaud, environné de toute la pompe royale, et qu'il passait devant les malheureux liés au bas pour l'exécution de ce jour, l'un d'eux ne pouvait se consoler et poussait de lamentables gémissements : *Qu'il est heureux ce roi*, s'écriait-il, *tandis que je suis plongé dans le malheur!* Le roi, informé de ce qu'il disait, trouva dans ces mots quelque chose qui lui plut, et fit aussitôt rompre les liens de celui qui les avait prononcés; il le renvoya avec de l'argent et des habits. Malheureusement il fallait le remplacer : le nombre des victimes doit être complet. Sans s'embarrasser s'il agissait avec justice ou non, le monarque saisit lui-même, parmi la troupe qui l'environnait, le premier qui lui tomba sous la main, lui ordonna de descendre, le fit lier avec les autres; et ce malheureux, qui était venu comme spectateur, fut exécuté le jour même.

Vous voyez, mes amis, que les habitants de la côte des Esclaves ne sont pas plus raisonnables que ceux du royaume de Benin.

Sophie. Ce sont des hommes d'une cruauté horrible.

M. de Vilmard. Je ne sais pas, Mademoiselle, si dans ce cas l'on doit précisément les accuser de cruauté; ces pauvres gens sont tellement superstitieux, qu'il ne leur reste plus ni raison ni humanité sous ce rapport : s'ils ne commettaient pas les crimes que je viens de vous détailler, ils croiraient se rendre coupables envers leurs divinités; voilà leur malheur. Si quelqu'un les éclairait, leur cruauté cesserait aussitôt. Il est même à remarquer que leurs relations avec les Européens ont déjà bien adouci leurs mœurs : ils ont cessé de dévorer leurs prisonniers; c'est beaucoup de gagné, et ils peuvent aller plus loin dans le sentier de la raison.

Les superstitions qui régnent dans la Guinée sont à peu près les mêmes sur toute la côte. Presque tous les nègres croient en un Dieu, créateur de l'univers; mais cette croyance est obscure et mal conçue : d'ailleurs ils s'occupent très peu de ce Dieu créateur; ils le regardent comme trop élevé pour se mêler des affaires des mortels. Il a créé, pour cet effet, une multitude de divinités subalternes, dont l'office est de veiller sur les hommes, et ce sont là les fétiches devenus si fameux parmi les nègres; c'est à eux, et non au Dieu suprême que s'adressent les prières et le culte.

SOPHIE. Qu'entendent-ils par ce mot de *fétiches?*

M. DE VILMARD. Fétiche, qui vient du mot *feitiço*, qu'ils ont emprunté des Portugais, signifie *charme, amulette, talisman;* et la plupart du temps le fétiche n'est en effet qu'un objet sacré qui a une certaine vertu qui le leur fait respecter ; quelquefois aussi c'est une divinité invisible et agissante. Ce mot est ordinairement employé dans un sens religieux ; mais il n'est pas toujours facile de distinguer les idoles des instruments de leur culte. Un nègre fait un fétiche du premier objet qui lui vient à l'idée ; un os d'oiseau, de poisson, un caillou, une plume ; la moindre bagatelle prend le nom et la qualité de fétiche ; et dès ce moment il la conserve soigneusement dans sa demeure, ou la porte toujours sur lui. Les prêtres de cette religion bizarre s'occupent continuellement à fabriquer de ces amulettes de mille et mille formes, pour toutes sortes de maladies et de dangers, et le peuple les achète comptant. Quand on veut faire une offrande aux fétiches, il faut toujours se servir du ministère des prêtres. Quelqu'un est-il malade, il fait demander au fétiche s'il peut relever de cette maladie ; le fétiche répond oui, mais qu'il faut offrir une brebis, une poule, un œuf, etc. On met ces offrandes dans un carrefour, où l'on en peut toujours remarquer une quantité. Quelquefois la poule doit être offerte vivante ; dans cette vue, il y a un poteau planté en terre auquel on attache la poule, et où elle reste jusqu'à ce qu'elle meure ou qu'elle soit dévorée par les bêtes sauvages. Quand on dit aux nègres qu'il est fort inutile de porter dans ces lieux des offrandes, puisqu'ils voient que le fétiche ne vient pas les chercher, ils répondent froidement que ce n'est pas leur affaire, qu'ils lui ont donné ces choses, et que si elles lui plaisaient, il saurait bien les prendre.

Outre les fétiches domestiques et personnels, il y en a de publics, qui passent pour les protecteurs d'un pays ou d'un canton; c'est quelquefois une montagne, un arbre, un rocher, un poisson, un oiseau. Les habitants du Juida ont choisi, pour fétiche ou dieu protecteur de leur pays, un animal des plus extraordinaires; je vous le donnerais à deviner, que vous n'en viendriez pas à bout; j'aime autant vous le dire tout de suite : c'est un serpent.

NINETTE. Un serpent! voilà en effet un dieu d'une singulière espèce. Et comment ces pauvres nègres sont-ils si simples, ou plutôt assez fous pour adorer un aussi vilain animal?

M. DE VILMARD. Je serais fort embarrassé de répondre à cette question. J'observerai seulement que, quand une fois les hommes ont commencé à abandonner la raison, il n'y a pas de folies que l'on ne puisse en attendre. Quelques voyageurs présument cependant que ce qui a engagé les nègres à rendre une sorte de culte à ce serpent, c'est qu'il a coutume de faire la guerre aux serpents malfaisants.

Ninette. Ils n'adressent donc pas leurs hommages à tous les serpents en général?

M. de Vilmard. Il n'y en a qu'une espèce qui jouisse de cet honneur, et cette espèce ne fait aucun mal. J'ai vu plusieurs de ces animaux; ils sont aussi beaux que des serpents peuvent l'être; ils ont à peu près la longueur et l'épaisseur du bras, quelquefois plus; le fond de leur couleur est gris, entremêlé de raies jaunes et brunes. On dirait qu'ils aient deviné qu'on les respecte, tant ils ont de hardiesse; ils entrent dans les maisons et s'y établissent sans la moindre inquiétude; ils vont même jusque dans les lits, et se montrent très familiers : s'il arrive par hasard qu'on marche dessus, ils se retirent avec plus de frayeur que de colère; on s'ils se servent de leurs dents pour mordre, la blessure est toujours sans danger. Il n'y a pas de nègres qui ne se croient heureux de rencontrer de ces animaux et de les nourrir. C'est un crime capital de leur nuire ou de les outrager volontairement : s'il arrivait à quelqu'un, nègre ou blanc, d'en tuer un, toute la nation serait ardente à se soulever. Le coupable, s'il était nègre, serait assommé ou brûlé sur-le-champ, et ses biens seraient confisqués.

Si c'était un blanc, et qu'il eût le bonheur de se dérober à la furie du peuple, il en coûterait une bonne somme à sa nation pour lui procurer la liberté de reparaître.

Cette superstition fut cause d'un accident tragique dans les commencements de l'établissement des Anglais sur les côtes du royaume de Juida. Un capitaine de leur nation ayant débarqué des marchandises sur le rivage, ses gens trouvèrent pendant la nuit un serpent fétiche qu'ils tuèrent et qu'ils jetèrent devant leur porte, sans se défier des conséquences. Le lendemain, quelques nègres, qui reconnurent le sacrilége, et qui apprirent quels en étaient les auteurs, par la confession même des Anglais, ne tardèrent point à répandre cette funeste nouvelle dans la nation. Tous les habitants du canton se rassemblèrent, fondirent sur le comptoir naissant, massacrèrent les Anglais jusqu'au dernier et détruisirent par le feu l'édifice et les marchandises (1).

Paul. Oh! quelle barbarie! Mais que n'ont-ils soin d'avertir les Européens de leur sot respect pour ces vilaines bêtes?

M. de Vilmard. C'est le parti qu'ils ont pris depuis ce malheur. Mais il n'y a pas que les

____

(1) Ce fait est rapporté par les voyageurs Bosman et Barbot.

hommes qui soient punis d'avoir offensé le dieu ; les animaux ne sont pas épargnés dans le même cas. On m'en a rapporté un exemple qui vous amusera, et qui vous fera voir jusqu'où peut aller la folie des hommes. Un porc, ayant été tourmenté par un serpent, se jeta sur lui sans respect et le dévora. Le crime fut remarqué. Les prêtres portèrent leurs plaintes au roi et obtinrent de ce prince une sentence qui condamnait à mort tous les porcs du royaume. Des milliers de nègres, armés d'épées et de massues, commencèrent aussitôt cette sanglante exécution. En vain les maîtres représentèrent l'innocence de leurs troupeaux ; toute la race eût été détruite, si le roi, qui n'avait pas l'humeur sanguinaire, n'eût arrêté le massacre par un contre-ordre.

J'ai été sur le point de me procurer une de ces divinités rampantes. En me promenant dans la campagne, je vis un de ces serpents, roulé en peloton, et dormant profondément au pied d'un arbre. L'idée de le mettre dans un vase et de le conserver dans l'esprit-de-vin, pour le montrer en Europe, me vint aussitôt à l'esprit ; mais, malheureusement un nègre le vit aussi, il s'éloigna à l'instant en diligence et reparut bientôt avec un prêtre. Celui-ci, à la vue du serpent, se jeta tout de son long le visage contre terre, la baisa plusieurs fois, marmotta quelques mots, prépara sa ceinture pour y empaqueter la bête, la leva de terre avec tant de précaution, qu'elle ne se réveilla seulement pas, et la porta dans le temple, où il y a toujours à boire et à manger pour ces animaux, soit qu'ils viennent pour en jouir ou qu'ils ne viennent pas.

Sophie. Comment! est-ce qu'ils poussent la folie jusqu'à élever des temples à ces reptiles?

M. de Vilmard. Puisque ces reptiles sont des divinités, il leur faut des temples; cela est dans l'ordre. Il y en a une assez grande quantité dans le royaume; ce sont de simples huttes où l'on porte les serpents que l'on trouve; et l'on a grand soin de leur donner de la nourriture. Les adorateurs viennent de temps en temps leur rendre hommage; ils se mettent à genoux devant eux, leur offrent quelques jattes de lait et se prosternent. La plupart de ces huttes consacrées sont au milieu de bosquets, dans les situations les plus agréables. Le plus fameux et le plus grand de ces temples est dans les environs de Fida, sous un arbre magnifique; c'est dans ce sanctuaire que fait sa résidence le chef et le plus gros des serpents. S'il faut en croire les nègres, il doit être bien vieux, car c'est le père de tous ceux que l'on voit dans le pays; ils assurent aussi qu'il est de la grosseur d'un homme et d'une longueur incroyable ; mais nul d'entre eux n'a vu cet animal merveilleux : c'est un droit qui n'est réservé qu'au grand-prêtre.

Chaque temple un peu considérable a son école, où les prêtresses apprennent aux enfants à chanter et à danser. La danse des fétiches se pratique presque chaque jour ; cette nation y est extrêmement exercée. On voit une multitude de jeunes filles, entretenues aux dépens du public, qui ne font autre chose que chanter dans le temple et danser en public ; elles sont alors magnifiquement habillées, portent une demi-douzaine de pagnes l'un sur l'autre, et ont le cou, les bras, les jambes et le corps chargés de colliers de corail ; elles sont du reste entièrement nues.

Leur musique est de plusieurs genres.

Une de leurs manières les plus remarquables à cet égard est de creuser en terre une fosse d'environ quinze pieds de diamètre. On place sur cette fosse deux poutres de bois très dur ; sur celles-ci, on ajuste en travers divers bâtons de différentes épaisseurs, sans cependant les assujettir. On frappe en cadence sur ces derniers avec des baguettes, comme celles des timbales ; l'accompagnement se fait avec des tambours formés d'une demi-calebasse couverte d'une peau de mouton. J'ai vu danser, au son de cette musique, des jeunes filles pendant plus de trois heures sans quitter la place, à la plus grande chaleur du jour, et sans prendre dans ce violent exercice d'autre rafraîchissement que d'être essuyées de temps en temps par la prêtresse. Je demandai un jour à celle-ci comment il était possible d'endurer une telle fatigue sans qu'il en résultât d'accident : « Le fétiche leur donne cette force, » me répondit-elle avec un ton doux et hypocrite. J'ai su depuis que le fétiche permet aussi qu'elles arrivent malades à la maison, et qu'elles meurent de cet excès.

Le ministère de la religion est partagé entre les deux sexes. Les *fétichères* ou prêtres ont un chef qui les gouverne, et qui tient un des premiers rangs parmi les kabaschirs. L'opinion, répandue parmi le peuple, qu'il converse avec le serpent, lui donne une grande autorité, et fait croire aux malheureux nègres qu'il peut, à son gré, répandre le bien ou le mal. Il sait parfaitement profiter de cette opinion pour le maintien de sa puissance et l'accroissement de ses richesses. Les femmes qui sont élevées à l'ordre de *bétas* ou prêtresses ont aussi un grand empire et sont très respectées ; leurs maris s'abaissent même jusqu'à les servir, et leur parlent à genoux.

Pour augmenter le nombre de ces prêtresses, on choisit chaque année un certain nombre de jeunes filles, qui sont séparées des autres femmes et consacrées au serpent. Les vieilles sont chargées de ce soin : elles prennent le temps où le maïs commence à verdir, et, sortant de leurs maisons, qui sont à peu de distance de la ville, armées de grosses massues, elles entrent dans les rues en plusieurs bandes de trente ou quarante. Elles y courent comme des furieuses depuis huit heures du soir jusqu'à minuit, en criant sans cesse : *Arrêtez! prenez!* Toutes les jeunes filles de l'âge de huit ans jusqu'à douze qu'elles peuvent arrêter dans cet intervalle leur appartiennent de droit; et pourvu qu'elles n'entrent point dans les cours et dans les maisons, il n'est permis à personne de leur résister : elles seraient soutenues par les prêtres qui achéveraient de tuer impitoyablement ceux qu'elles n'auraient pas déjà assommés de leurs massues.

Ces jeunes filles sont d'abord traitées avec assez de douceur dans leurs cloîtres : on leur fait apprendre, ainsi que je vous l'ai dit, les danses et les chants sacrés qui servent au culte du serpent. Mais la dernière partie de ce noviciat est très sanglante; elle consiste à leur imprimer sur toutes les parties du corps, avec des pointes de fer, des figures de fleurs, d'animaux et surtout de serpents. Comme cette opération ne se fait pas sans de vives douleurs et sans une grande effusion de sang, elle est fort souvent suivie de fièvres dangereuses. Les cris de ces pauvres petites filles touchent peu ces impitoyables vieilles; et, personne n'osant approcher de leurs maisons, elles sont sûres de n'être point troublées dans cette barbare cérémonie. La peau devient fort belle après la guérison de tant de blessures : on la prendrait pour un satin noir à fleurs; mais sa principale beauté, aux yeux des nègres, est de marquer une consécration perpétuelle au serpent.

Les plus grandes fêtes religieuses sont des processions qui reviennent à différentes époques. Un jour que je passais dans les rues de Fida, je vis les nègres s'enfuir tout à coup dans leurs maisons et entraîner avec eux leurs enfants. J'en demandai la raison; on me répondit que c'était une procession qui arrivait, et que celui qui la verrait passer de dessein prémédité ne vivrait certainement pas au bout de trois jours. Comme cette crainte ne pouvait me gagner, je m'arrêtai précisément pour être témoin de cette cérémonie, et vous voyez que je vis encore. Les prêtresses ouvraient la marche et chantaient une hymne sur un ton fort plaintif; les prêtres venaient ensuite, et frappaient en mesure avec des

baguettes de fer sur des clochettes de même métal et sur des tambours. Je n'ai pu savoir quel
était le motif de cette procession, qui, d'ailleurs,
n'avait rien de bien remarquable.

En quittant Fida, je résolus de me rendre par
terre, avec une douzaine d'autres Européens, au
fort de Christiansbourg, sur la côte d'Or, devant
lequel notre vaisseau devait s'arrêter quelque
temps. Nous avions sur notre route Popo, ville
aussi considérable que celle de Fida. Nous y sé-
journâmes deux jours : le premier fut employé
à parcourir la ville, et le second à rendre nos devoirs à un petit roi du voisinage, qui était venu
dans une barque sur une petite rivière, à quelque distance de Popo. Ce roi était celui d'Afla,
ville voisine de celle où nous nous trouvions; il
prend aussi le titre de *roi de la rivière*. Comme
il est en même temps grand-prêtre, ce triple titre
lui attire de grands respects, même de la part
des peuples qui obéissent à d'autres princes; il
vient de temps en temps honorer de sa présence
les Popéens, afin d'en tirer des présents. Nous .
allâmes aussi lui présenter nos hommages, beaucoup plus pour le plaisir de voir sa majesté nègre,
que pour le besoin que nous avions de lui.

On avait fait sur le bord de la rivière un enclos où le prince venait se promener quand il lui

plaisait de quitter sa barque. C'est dans cet enclos que l'on nous reçut et que l'on nous fit asseoir sur de petites selles de bois, en attendant que sa majesté fût habillée. Elle parut bientôt avec un suite nombreuse de musiciens et de femmes qui chassaient les mouches devant elle et qui rafraîchissaient l'air avec des éventails faits de feuilles de palmier; on tenait sur sa tête un grand parasol. Ce qui me frappa d'abord fut son habillement. Figurez-vous un vilain nègre court, gros et gras, le nez prodigieusement épaté, et les lèvres épaisses comme le pouce. Cette figure grotesque était à moitié couverte d'une robe de soie sans manches et ouverte de manière à laisser voir son corps noir jusqu'au bas du ventre; à partir de là un riche pagne lui descendait jusqu'à terre. Il n'avait point de bas, et ne portait d'autre chaussure que des semelles attachées avec des courroies.

NINETTE. Ce roi-là faisait, à ce qu'il me paraît, une fort jolie figure !

M. DE VILMARD. Oh ! ce n'était là qu'une partie de son costume de cérémonie. Sa majesté, pour achever de relever sa bonne mine naturelle, avait mis sur sa tête un bonnet de voiturier, et par-dessus encore un beau chapeau européen à trois cornes et garni de grandes fleurs d'argent.

MARCELLIN. Vraiment, je donnerais bien quelque chose pour voir un pareil roi.

M. DE VILMARD. Cela en vaudrait la peine. Sa majesté s'avança d'un air grave, appuyée sur une canne à pomme d'argent; elle nous salua à la manière des nègres, c'est-à-dire en faisant une légère révérence, sans ôter son chapeau. Pendant toute la cérémonie de notre présentation, ses musiciens jouaient des instruments, et chantaient en s'inclinant sans cesse jusqu'à la terre qu'ils semblaient toucher avec le nez. Durant cette séance, qui fut d'environ deux heures, on agitait devant le roi un grand parasol; celui qui le tenait dansait en même temps et transpirait en abondance. Lorsque l'air que l'on jouait ne plaisait plus au prince, il en commençait lui-même un autre : il ne pouvait pas l'indiquer autrement. Mais la musique avait beau changer, elle nous paraissait toujours la même, tant le goût des Européens est peu exercé à saisir leur manière! Les instruments consistaient en deux grands et six petits cors faits de dents de jeunes éléphants, et couverts d'étoffes rouges. Ils soufflent dans une ouverture faite transversalement à la pointe de la dent, comme dans une flûte traversière, et modulent leurs tons en couvrant ou découvrant de la main l'ouverture d'en bas. Il y avait aussi des tambours de toute grandeur, faits de moitiés de calebasses, un triangle et des clochettes de fer semblables aux sonnettes qu'on attache au cou de nos animaux : tel était l'orchestre du roi d'Afla.

Enfin on nous offrit un rafraîchissement, c'est-à-dire un verre d'eau-de-vie. Le roi ne but pas, car sa religion lui défend de rien prendre en public. Lorsque nous eûmes pris ce que l'on nous avait offert, ce prince se retira tout à coup, en nous promettant cependant de reparaître bientôt. Nous ne savions trop quelle était son intention. Au bout d'un quart-d'heure il se présenta de nouveau, et nous ne fûmes pas peu étonnés de le voir affublé d'un nouveau costume aussi ridicule que le premier : il était bien aise de nous montrer quelques échantillons de sa garde-robe. Il avait une autre robe de chambre de soie, un autre chapeau brodé et un pagne d'écarlate; et là-dessous il se donnait des airs d'un homme fort content de lui-même : la fatuité et la sottise sont de tous les pays (1).

Depuis le moment de notre arrivée, nous étions inquiétés d'une chose qui nous avait frappés tous

______

(1) Cette présentation au roi d'Afla est tirée d'Isert, et l'aventure de l'enfant nègre, qui suit, est racontée par *Snelgrave*.

également : nous avions remarqué, dans un des coins de l'enclos, un petit nègre attaché par la jambe à un pieu fiché en terre. Ce petit malheureux était couvert de mouches et d'autres insectes; il paraissait avoir beaucoup pleuré et ne pleurait plus; mais sa situation tirait des larmes des yeux. Personne cependant ne faisait attention à lui, excepté deux hommes qui semblaient craindre de le perdre de vue, mais qui ne lui donnaient aucun secours. Le pauvre enfant paraissait plus effrayé que flatté de leur présence : peut-être ces barbares avaient-ils déjà exercé leur cruauté sur lui. Je résolus d'éclaircir ce mystère. L'occasion m'en parut favorable en offrant nos présents au prince. Chacun de nous s'avança à son tour : mon offrande plut; sa majesté la regarda et me sourit. Comme c'était un de ces rois qui ne sont pas si fiers et avec qui l'on peut causer familièrement, je lui fis demander par notre interprète ce que c'était que ce petit infortuné que je lui désignai. « Cet enfant? répondit-il d'une manière indifférente, ah! ce n'est rien. » J'insistai, et il me dit alors...

Pardon, monsieur, interrompit ici M. de Forbin, ceci semble nous offrir quelque chose d'intéressant; mais le plaisir ne doit pas me faire oublier que voilà la nuit, et que ces enfants ont un peu de chemin pour retourner chez eux. « O monsieur! s'écrièrent-ils tous ensemble, nous laisserez-vous avec l'inquiétude? — Oui, mes petits amis : car il vaut encore mieux que vous soyiez inquiets, que vos parents qui ne vous verraient pas revenir à l'heure accoutumée; songez que notre séance a été cette fois-ci très longue, et même peut-être trop. — O monsieur! seulement l'histoire du petit nègre. — Impossible! à notre séance prochaine. » Là-dessus M. de Vilmard se leva, et, bon gré mal gré, il fallut bien l'imiter et partir.

Ville de Popo. — Sacrifice d'un petit enfant nègre. Amour maternel. — Le royaume de Barra. — Crocodiles et hippopotames. — Jonkakonda. — La banane et le manioc. — Nègres des bords de la Gambie. — Le Bambarra. — Réception du roi de Woulli. — Le Mombo-Jombo. — Le royaume de Bondous. — Détails de mœurs. — Le bantang. — La cour du roi à Fatteconda. — Aventures.

Ninette. Ah! nous allons savoir aujourd'hui à quoi était destiné ce pauvre petit enfant noir qui était attaché par le pied à un pieu fiché en terre.

Paul. Nous en avons parlé plusieurs fois depuis le jour que nous avons eu l'honneur de vous entendre.

Marcellin. Nous avons même fait vingt conjectures qui n'ont peut-être pas l'ombre de raison.

M. de Vilmard. Je vois que son sort vous intéresse; je m'empresse donc, mes amis, de vous tirer d'inquiétude à ce sujet.

Vous vous souvenez que nous étions devant l'illustre roi d'Afla, qui était venu dans sa barque à quelque distance de la ville de Popo. Lorsque je lui eus fait mon présent, qu'il reçut d'une manière très gracieuse, je me hasardai à lui demander ce qu'on voulait faire de ce malheureux enfant que je voyais. « Oh! répondit-il avec assez d'indifférence, on doit le sacrifier cette nuit à l'un de nos plus grands dieux, pour la prospérité de mes états : c'est une coutume, cela ne vaut pas la peine de vous occuper. »

A peine ces mots me furent-ils rendus par l'interprête, que je me sentis frappé d'horreur et de pitié; les mêmes sentiments animèrent mes compagnons; et tous, par un même mouvement, nous courûmes vers ce petit infortuné pour l'arracher à la mort. Les deux bourreaux, qui étaient près de lui, nous menacèrent aussitôt de leurs lances, et plusieurs gardes du prince accoururent pour les soutenir.

Nous sentîmes alors seulement toute l'imprudence de notre conduite. Je me hâtai de revenir auprès du roi, qui paraissait fort en colère; je lui dis que l'idée que ce pauvre enfant allait périr nous avait émus de la plus vive compassion, et que nous n'avions pu résister au désir de le sauver : « D'ailleurs, ajoutai-je, notre religion nous défend de souffrir une semblable cruauté. — Cela peut être, répondit le roi, mais la mienne

me l'ordonne; et vous n'êtes pas ici chez vous. »
Il n'y avait rien à répliquer à cela; et la chose
eût pu devenir sérieuse, si le prince n'eût pas
été d'un caractère trop léger pour y donner de
la suite. Quelques paroles agréables que je lui
adressai le rappelèrent à sa bonne humeur ordinaire. « Eh bien, me dit-il alors, puisque le sort
de ce marmot vous inquiète tant, achetez-le, je
vous le vends. »

NINETTE. Il voulut le vendre? Oh! vous l'avez
acheté, n'est-ce pas, Monsieur?

M. DE VILMARD. Certainement : je m'empressai
de prendre au mot le roi, dans la crainte qu'un
caprice ne lui fît changer d'avis. Je me fis aussitôt apporter ce que j'avais de plus précieux avec
moi, afin de le tenter davantage encore. A peine
commençais-je à étaler mes trésors, qu'il saisit
vivement un collier de verre bleu, et déclara qu'il
le voulait, ou qu'il n'y aurait rien de fait; je me
gardai bien de le contredire; je conclus sur-le-
champ le marché : le roi mit le collier à son cou,
et moi je courus m'emparer du pauvre enfant,
qui dès cet instant m'appartint.

NINETTE. Ah! Monsieur, comme je vous aime
pour avoir sauvé ce pauvre petit nègre! Il faut
que vous nous permettiez à tous de vous embras-
ser pour cela de tout notre cœur.

(La jeune Ninette n'eut pas plus tôt exprimé ce désir, que toute la petite troupe se précipita dans les bras de M. de Vilmard. Le bon vieillard les serra contre sa poitrine avec sensibilité).

Aimables enfants, leur dit-il, un peu de bien touche vos jeunes cœurs : ah ! conservez précieusement ces heureuses dispositions ; elles vous vaudront plus d'une vertu et plus d'un instant de bonheur. Vos douces caresses et votre joie naïve m'auraient bien payé de ce que j'ai fait, si je n'avais pas déjà reçu amplement ma récompense. Mais je ne veux pas, mes enfants, que vous ayez trop bonne opinion de moi, et que vous croyiez que le sacrifice que j'ai fait ait été bien grand... Ce sacrifice, s'il faut vous l'avouer, ne m'a coûté que trente sous.

NINETTE. Rien que trente sous ?

M. DE VILMARD. Pas davantage : c'est tout ce que valait le collier de verre qui avait tant charmé sa majesté.

AMÉDÉE. Oui ; mais vous auriez, j'en suis sûr, donné une somme considérable, s'il l'eût fallu.

M. DE VILMARD. J'y étais décidé, et je me montrai même généreux en priant le prince de recevoir en sus du marché quelques bouteilles d'eau-de-vie, qu'il ne dédaigna pas d'accepter. Cette modération de sa part m'étonna d'autant plus, que, depuis les rois jusqu'aux plus vils esclaves, les nègres sont accoutumés à profiter de toutes sortes d'occasions pour tirer quelques avantages des Européens.

Ce que je viens de vous raconter vous a intéressés, mais vous ne vous doutez guère de la suite de cette aventure. Quand nous eûmes quitté le roi d'Afla, nous montâmes dans nos hamacs, et les esclaves chargés de nous porter se mirent en route pour Christiansbourg. Comme il n'y avait sur le reste de notre chemin aucun lieu qui méritât de nous retenir, nous ne nous arrêtâmes plus que pour passer la nuit, ou nous reposer quelques heures dans la journée. A notre arrivée au fort de Christiansbourg, nous trouvâmes notre navire prêt à faire voile et n'attendant plus que nous : il avait acheté quelques esclaves, hommes et femmes, et devait compléter sa cargaison à l'embouchure du Sénégal. Je pris dans mes bras mon négrillon, qui ne m'avait pas quitté, et je me rendis au vaisseau. Comme j'aperçus sur le tillac quelques noirs à qui l'on avait permis de prendre l'air, je me rendis au milieu d'eux, afin de faire voir à l'enfant qu'il se retrouverait avec des gens de sa couleur.

A peine avais-je fait quelques pas, que je vis une femme s'élancer vers moi, en faisant un cri, et m'arracher l'enfant que je tenais toujours dans mes bras.

NINETTE. Oh! je devine! cette femme, c'était la mère du petit nègre.

M. DE VILMARD. C'est cela même : le capitaine l'avait achetée quelques jours auparavant. La pauvre femme pleurait son enfant depuis le moment où ses barbares maîtres le lui avaient ravi ; elle le pleurait sans espoir de le retrouver jamais ; elle se voyait arrachée au rivage de sa patrie, à son peuple, à ses parents, à ses amis, et enfin à cet enfant qui lui était plus cher encore ; elle allait traverser des mers immenses et habiter une terre inconnue : tout ce qu'elle aimait était perdu pour elle. Voilà sa situation et son accablement était extrême. Tout à coup elle voit son fils ; jugez quelle est sa joie! Elle le voit, et croit n'avoir plus rien perdu ; que dis-je? elle sent qu'elle n'a jamais été si heureuse de sa vie : la tendresse d'une mère est si vive! son amour est si brûlant! Cette pauvre femme sautait de joie, courait de côté et d'autre, pressait son enfant contre elle et le couvrait de baisers et de larmes : on eût dit qu'elle était folle. Nous admirions ce spectacle de l'amour maternel. Mais la reconnaissance produit autant d'effet que la tendresse : lorsque cette mère eût appris de l'interprète que c'était moi qui avais dérobé son fils à la mort, elle se précipita à mes genoux, les serra fortement, et ne m'écoutait point lorsque je la pressais de se relever. L'enfant tenait aussi mes genoux. Tous les nègres, libres et esclaves, charmés de ce qu'ils voyaient, battaient des mains et chantaient mes louanges dans leur langage et à leur manière. J'étais le plus heureux des hommes : j'éprouvais toutes les délices d'avoir fait une bonne action.

Ce petit événement produisit le meilleur effet dans le navire : les nègres esclaves, qui auparavant étaient plongés dans un profond désespoir, et qui ne nous regardaient que comme leurs tyrans, changèrent de sentiment et ne virent plus en nous que des maîtres pleins de douceur, ou plutôt des amis qui compatissaient à leurs peines : tant il faut peu de chose pour gagner le cœur des infortunés ! On leva l'ancre, et nous rasâmes la côte d'Or, ainsi nommée du commerce que l'on y fait de la poudre d'or recueillie dans les fleuves qui arrosent ces contrées ; la côte des Dents, qui reçut son nom des dents et des défenses d'éléphants que les naturels vendaient autrefois en quantité aux Européens ; la côte de Malaguette, renommée par son poivre, moins estimé cependant que celui des Indes ; Sierra-Leone, et les autres côtes, jusqu'à l'embouchure de la Gambie, l'un des grands fleuves de cette partie de l'Afrique. Notre bâtiment jeta l'ancre devant Gilifrie, ville du royaume de Barra, située sur la rive méridionale de la Gambie (1).

J'étais à peine descendu à terre, que je rencontrai un Anglais avec qui j'avais lié amitié dans Londres même. Cette rencontre imprévue, à un éloignement aussi considérable de nos patries, excita dans nos cœurs une joie des plus vives. Lorsque j'eus raconté mes aventures, l'Anglais m'apprit qu'il y avait environ trois ans qu'il avait quitté son pays pour venir en Afrique, et qu'il était un des directeurs des factoreries anglaises établies sur la Gambie ; en même temps il m'invita à aller passer quelque temps avec lui à Jonkakonda. « Puisque c'est pour votre plaisir seul que vous voyagez, me dit-il, et que rien ne vous attache en un lieu plus qu'en un autre, laissez partir le vaisseau hollandais qui vous a amené ; vous profiterez du navire qui reprendra la route de l'Europe. »

Cette ouverture ralluma en moi un désir qui s'y était déjà élevé plusieurs fois : c'était de pénétrer dans l'intérieur de l'Afrique, d'y observer

____

(1) Le royaume de Barra, situé à l'entrée de la Gambie, est assez puissant pour avoir récemment mis en péril les établissements anglais sur le fleuve.

des pays encore inconnus aux Européens, et de
connaître par moi-même les mœurs et le caractère de peuples dont nous savons à peine les
noms. Ce dessein, que je communiquai à mon
ami, l'effraya pour moi : il tâcha aussitôt de me
faire perdre ce désir, qu'il regardait comme étant
de la dernière témérité ; il me peignit les dangers
nombreux que j'aurais à courir par l'insalubrité
du climat, la quantité des bêtes féroces et la perfidie des habitants. Je trouvai ces raisons excellentes, j'en sus gré à son amitié ; mais, loin
d'abandonner mon projet, je m'y confirmai davantage : je trouvai qu'il était beau et grand de
se sacrifier pour procurer aux hommes de nouvelles lumières, et étendre ce grand lien qui doit
unir les extrémités de la terre, mes forces et mon
courage me mettant au-dessus de la crainte des
fatigues et de celle des habitants. Mon ami, me
voyant donc bien décidé, me promit alors d'em-
ployer tout son crédit et tous ses moyens pour
me faciliter ce voyage et en aplanir les difficultés.
Je l'en remerciai ; et, dans la crainte que la raison ne refroidît mon enthousiasme, je retirai du
vaisseau tout ce qui pouvait me devenir utile dans
mon entreprise, et j'y laissai le reste.

SOPHIE. Sans doute que vous y laissâtes aussi
le pauvre petit nègre.

M. DE VILMARD. Je m'y voyais forcé ; mais ne formez aucune inquiétude sur son sort. J'avais contracté une dette envers lui, et ne l'oubliai pas : avant de partir je priai le capitaine hollandais de s'en charger ; je le lui recommandai beaucoup ; et, pour ne point séparer l'enfant de la mère, j'achetai cette dernière, que je remis aux soins du capitaine, qui était un fort honnête homme. A mon retour, je devais trouver en Hollande ces deux infortunés. C'est ce qui arriva en effet : le capitaine avait rempli à leur égard tous les devoirs de l'humanité ; maintenant ils sont dans ma maison, libres et aussi heureux que cela dépend de moi, et voilà vingt-cinq ans que je leur sers de père. Je vous dis cela en passant, à cause de l'intérêt que leur sort vous a inspiré, je n'y reviendrai plus.

Mon ami, que l'on nommait M. Laidley, avait sa barque et ses gens qui l'attendaient sur le fleuve. Nous partîmes pour Jonkakonda le surlendemain de mon débarquement. Comme nous nous arrêtâmes à Vintian et à plusieurs autres endroits, nous fûmes huit jours en route. La Gambie est profonde et vaseuse ; elle coule au milieu d'un pays plat et marécageux, ses bords sont couverts d'épais mangliers entrelacés les uns dans les autres. A son embouchure, on trouve beaucoup de requins, poissons voraces et dangereux; et plus haut, elle est remplie de crocodiles et d'hippopotames. Le crocodile est tout-à-fait semblable au lézard par sa forme, mais il est fort grand : on en voit qui ont plus de vingt pieds de long. La couleur de son corps est cendrée, marquée de plusieurs bandes transversales et ondées. Cet animal vit également sur terre et dans l'eau; mais il a besoin de temps en temps de venir respirer à la surface. Lorsqu'il surnage, il n'y a que la partie supérieure de la tête et une partie du dos qui paraissent à découvert; on le prendrait pour un tronc d'arbre flottant. Dans cette attitude, qui lui laisse l'usage des yeux, il voit tout ce qui se passe sur l'une et l'autre rive du fleuve; et, dès qu'il aperçoit quelque animal qui vient pour y boire, il plonge, va promptement à lui, en nageant entre deux eaux, le saisit par les jambes et l'entraîne en pleine eau, pour le dévorer, après l'avoir noyé. Des hommes même qui ne se tiennent point en garde contre les ruses et l'avidité de ce redoutable ennemi, sont également ment exposés à devenir sa proie. Sa couleur et sa forme allongée semblent seconder son naturel artificieux; car, si sur les eaux il paraît un tronc d'arbre flottant, sur la terre on le prendrait pour un morceau de bois.

NINETTE. Oh! que j'aurais peur de rencontrer sur le rivage quelque chose qui ressemblerait à un vieil arbre!

AMÉDÉE. Sois sans crainte, ma chère Ninette, ces dangereux animaux ne se trouvent point dans nos climats tempérés; ils n'habitent que les contrées chaudes de l'Asie, de l'Afrique et de l'Amérique.

M. DE VILMARD. L'hippopotame est beaucoup plus rare : on ne le voit que dans quelques grands fleuves de l'Afrique. On devrait l'appeler l'éléphant marin, car il est d'une grosseur énorme, et a des dents qui fournissent un très bel ivoire. Ces dents sont si dures, qu'elles donnent des étincelles sous le fer qui les frappe. L'hippopotame a de quinze à seize pieds de longueur sur une hauteur de six; il est pesant, et ne peut courir qu'à la manière du cochon. Sa peau épaisse est, sur le dos, à l'épreuve du mousquet. Cet animal habite volontiers tout le jour au fond des eaux; il nage facilement et avec assez de rapidité; il marche au fond des rivières comme sur la terre. Le soir, il vient sur le rivage paître des herbes, du riz, des légumes que cultivent les nègres et cause beaucoup de dégât : pour l'éloigner des champs cultivés, les possesseurs font jour et nuit de grands feux et beaucoup de bruit. Il est timide sur terre et regagne aux premières craintes les eaux, où il se défend mieux et où l'on court plus de risques en l'attaquant. Si, dans cet élément il reçoit une blessure, il s'élance en furieux sur le bâtiment où il voit ses ennemis, en enlève des morceaux considérables avec ses dents, fait chavirer les plus fortes chaloupes d'un seul coup de pied, et se défend jusqu'au dernier soupir. Avec des armes aussi terribles que ses dents, et avec une force prodigieuse, il pourrait se rendre redoutable à tous les animaux; mais il est naturellement doux, et tous ceux que j'ai vus étaient plus pressés de fuir que disposés à attaquer.

Jonkakonda, où nous étions arrivés, est un lieu très commerçant, où les Européens ont plusieurs factoreries (1). Mon ami m'engagea à y rester quelque temps avec lui. J'y consentis d'autant plus facilement, que mon intention, avant d'entreprendre mon voyage, était d'apprendre la langue des nègres mandingues, qui est la plus répandue dans cette partie de l'Afrique, et sans laquelle j'étais bien persuadé que je ne pourrais jamais acquérir une connaissance étendue du

(1) C'est un poste ou comptoir que possèdent les Anglais dans la Nigritie.

pays et de ses habitants. Après l'étude de cette langue, ce qui m'occupait le plus était de prendre des informations sur les contrées que je me proposais de parcourir. Je m'adressai pour cela à certains marchands, qu'on désigne sous le nom de *slatées*. Ce sont des nègres libres qui jouissent d'une grande considération dans le pays, et dont le principal commerce consiste à vendre des esclaves qu'ils amènent du centre de l'Afrique; mais les renseignements que j'en tirai furent peu de chose : leur ignorance ou plutôt leur défiance ne leur permettait pas de m'en apprendre davantage. Ces occupations me firent passer assez rapidement les jours de cette triste saison où la pluie tombe par torrents, où le ciel est chargé d'une chaleur suffocante, et où, pendant les nuits on est épouvanté par le bruit d'innombrables crapauds, les cris aigus des jackals, et les profonds hurlements des hyènes : concert horrible qui n'est interrompu que par des coups de tonnerre, dont on ne peut se former une idée que quand on les a entendus.

Le pays que j'habitais n'était qu'une plaine immense presqu'entièrement couverte de bois, n'offrant rien qui pût plaire à la vue; mais, en revanche, la nature, sous le rapport de la fertilité, l'avait traité d'une main libérale. Les espèces de grains les plus communs dans ces contrées sont le maïs, le millet et le riz. Autour des villages, on voit des jardins où les nègres recueillent des ognons, des patates, des bananes, du manioc, des pistaches, des giraumons, des citrouilles, des pastèques et d'autres bons légumes.

AMÉDÉE. Pardon, monsieur, si je vous interromps : parmi les légumes que vous venez de nommer, il y en a plusieurs qui nous sont absolument inconnus. Je ne sais ce que c'est que les bananes.

M. DE VILMARD. La banane est un fruit des climats chauds de l'Asie, de l'Afrique et de l'Amérique. La plante qui le donne n'a point de tronc proprement dit; c'est un rouleau de grandes feuilles de six à neuf pieds de largeur; du centre de ces feuilles s'élève une grosse tige terminée par un bouton d'un demi-pied de long, composé de petites feuilles appliquées les unes sur les autres, desquelles sortent les fleurs; aux fleurs succèdent des fruits longs de cinq à six pouces, et assez semblables aux concombres; la pellicule qui les couvre est jaune, et la chair est une substance jaunâtre, molle, onctueuse, d'un goût aigrelet et très agréable. Ces fruits sont très nourrissants; on les mange crus, ou cuits au four, ou desséchés au soleil; on les mange aussi à l'eau, au vin, au sel, ou cuits dans la graisse; on en fait une espèce de pain, et on en tire une boisson sucrée, en les faisant bouillir dans l'eau.

Je passe tout de suite au manioc, persuadé que vous ne le connaissez pas non plus. Le manioc est une plante extrêmement utile, et d'autant plus remarquable, que ses qualités peuvent être aussi pernicieuses qu'elles sont bienfaisantes. C'est la racine que l'on recherche dans cette plante; elle est charnue, ronde, grosse comme le bras, et assez semblable au navet; si l'on s'avisait de la manger telle qu'on la tire de la terre, ce serait un poison des plus violents.

Amédée. Et comment ose-t-on s'en nourrir?

M. de Vilmard. Son usage est si répandu, qu'une multitude de peuples en font leur prircipal aliment. Mais il y a une préparation. C'est le suc qui donne la mort: on a donc soin de l'extraire. Pour parvenir à ce but, on râpe cette racine; on met ces râpures sous une presse, dans un sac de jonc, et l'on en exprime ce jus dangereux; ensuite on les fait sécher sur des plaques de fer ou de terre cuite, à l'aide du feu; la substance farineuse, qui reste bien débarrassée de toutes les parties volatiles et vénéneuses, sert à faire la *cassave* et différents autres aliments.

Amédée. Cette racine aura sans doute fait bien

des victimes avant qu'un heureux hasard ait fait découvrir son utilité.

M. DE VILMARD. Cela est probable. Je ne vous parle pas des autres légumes que j'ai nommés ; vous pouvez les voir dans nos jardins.

Pour préparer le grain dont ils se nourrissent, les nègres se servent d'un grand mortier qu'ils appellent *paloun*. Là, ils le pilent jusqu'à ce qu'il soit séparé de son enveloppe, et ensuite ils le vannent. Quand le grain est net, ils le remettent dans le mortier, et le pilent de nouveau jusqu'à ce qu'ils l'aient réduit en farine. Ils s'y prennent ainsi, parce qu'ils ignorent l'usage des moulins. Cette farine se prépare différemment dans les divers cantons de la Nigritie. Mais la manière de la préparer la plus ordinaire sur les bords de la Gambie, est d'en faire une espèce de pouding, qu'on appelle *kouskous*. Pour faire le kouskous, on commence par humecter la farine avec de l'eau ; après quoi on la bat dans une grande calebasse, jusqu'à ce qu'elle devienne grenue. Alors on la met dans un pot de terre, dont le fond est percé de beaucoup de petits trous ; et ce pot se place sur un autre où l'on fait cuire de la viande. La vapeur qui s'élève de cette viande pénètre par les trous du pot, amollit et cuit le kouskous, qui devient alors un mets fort agréable à manger. Ce mets tient, en quelque sorte, lieu de pain ; je l'ai retrouvé dans toutes les contrées africaines que j'ai visitées.

Les nègres qui habitent les bords de la Gambie peuvent se diviser en quatre nations principales, quoiqu'ils forment un bien plus grand nombre de peuplades ; ces nations sont les *Féloups*, les *Yolofs*, les *Foulahs* et les *Mandingues*. La religion mahométane, qui leur a été transmise par les Maures du désert de Zahara, a fait de grands progrès parmi eux : mais ceux qui l'ont adoptée ont en même temps conservé presque toutes leurs anciennes superstitions.

Les Féloups sont d'un caractère triste et enclins à la vengeance. La haine est si forte dans leur cœur qu'ils la lèguent à leurs enfants. Ils boivent beaucoup d'hydromel dans leurs fêtes, et leur ivresse est presque toujours accompagnée de querelles. Or, si dans quelqu'une de ces querelles un homme perd la vie, l'aîné de ses fils prend ses sandales, et les porte chaque année le jour de l'anniversaire de sa mort, jusqu'à ce qu'il ait trouvé l'occasion de le venger. Rarement le meurtrier échappe à ce long ressentiment. Mais ce penchant est contre-balancé par plusieurs qualités excellentes : les Féloups sont très reconnaissants ; ils conservent la plus grande affection pour

3*

leurs bienfaiteurs, et rendent tout ce qu'on leur confie avec une fidélité admirable.

Les Yolofs sont une nation active, puissante et belliqueuse; ils habitent une partie du vaste territoire qui s'étend entre le Sénégal et le territoire qu'occupent les Mandingues, sur le bord de la Gambie. Ils diffèrent des Mandingues, non seulement par le langage, mais par les traits, et même un peu par la couleur. Ils n'ont point le nez aussi épaté, ni les lèvres aussi épaisses que la plupart des autres Africains. Leur peau est extrêmement noire; et les blancs qui font le commerce des esclaves, les regardent comme les plus beaux nègres de cette partie du continent. Les Yolofs sont divisés en plusieurs états indépendants, qui sont fréquemment en guerre entr'eux ou avec leurs voisins. Leurs mœurs ont beaucoup de rapports avec celles des Mandingues.

Les Foulahs sont ordinairement pasteurs ou agriculteurs; je vous les ferai connaître en rapportant les aventures de mon voyage.

Les Mandingues sont les plus nombreux habitants des divers cantons de l'Afrique, et les plus civilisés; leur langue est aussi la plus répandue. Ils étaient autrefois républicains, et ont conservé les formes d'un gouvernement libre dans les monarchies qu'ils ont adoptées. Dans les affaires importantes, les rois sont obligés de convoquer une assemblée des plus sages vieillards, dont les conseils les dirigent, et sans lesquels ils ne peuvent ni déclarer la guerre, ni conclure la paix. Dans toutes les grandes villes, ils ont un premier magistrat qui porte le titre d'*alkaïd*, et dont la place est héréditaire. Cet alkaïd est chargé de maintenir l'ordre, de percevoir les droits qu'on impose aux voyageurs, et de présider toutes les séances de la juridiction du lieu et l'administration de la justice. La juridiction est composée de vieillards de condition libre, et leur assemblée s'appelle un *palaver*. Elle tient ses séances en plein air et avec beaucoup de solennité. Là, les affaires sont examinées avec franchise ; les témoins sont publiquement entendus, et les décisions des juges reçues ordinairement avec l'approbation de tous les spectateurs.

Les Mandingues se montrent en général d'un caractère doux, sociable et bienveillant. Les hommes de cette nation sont, pour la plupart, d'une taille au-dessus de la médiocre, bien faits, robustes, et capables de supporter de grands travaux. Les femmes sont bonnes, vives et jolies. Les deux sexes se vêtissent de toiles de coton qu'ils fabriquent eux-mêmes. Les hommes ont des caleçons qui descendent jusqu'à mi-jambe, et une tunique flottante assez semblable à un surplis. Ils portent des sandales et des bonnets de coton. L'habillement des femmes consiste en deux pièces de toile de six pieds de long et de trois pieds de large : l'une, ceinte au-dessus de leurs reins, et tombant jusqu'à la cheville du pied, fait l'effet d'une jupe ; l'autre enveloppe négligemment leur sein et leurs épaules. Cette description du vêtement des nègres mandingues convient à celui de tous les habitants de cette partie de l'Afrique ; les femmes seules se sont réservé le droit de changer et varier leur coiffure.

Dans la construction de leurs demeures, les Mandingues suivent l'usage de toutes les autres nations de ce continent ; ils se contentent de chaumières petites et commodes ; cela suffit à leurs besoins qui sont fort peu étendus. Un mur de terre d'environ quatre pieds de haut, sur lequel est une couverture conique, faite de bambou et de chaume, sert pour la demeure du roi, comme pour celle du plus humble esclave. Leurs meubles sont également simples : leurs lits sont faits d'une claie de roseaux, placée sur des pieux de deux pieds de haut, et couverte d'une natte ou d'une peau de bœuf. Une jarre, quelques vases d'argile pour faire cuire leur manger, quelques gamelles, quelques calebasses et un ou deux tabourets composent le reste de l'ameublement.

Tous les Mandingues de condition libre ont plusieurs femmes, et c'est sans doute pour prévenir les disputes entr'elles qu'elles ont chacune leur chaumière particulière. Toutes ces chaumières appartenant à la même famille, sont entourées d'un treillis de bambou fait avec beaucoup d'art, et forment ce qu'on appelle un *sirk* ou sourk. Plusieurs de ces enclos, séparés par d'étroits passages, composent une ville ; mais les chaumières sont placées avec beaucoup d'irrégularité, et suivant le caprice de celui à qui elles appartiennent.

Il y a dans chaque ville une espèce de grand théâtre qu'on appelle *bantang,* et qui sert de maison de ville. Il est fait de roseaux entrelacés, et ordinairement placé sous un grand arbre qui le met à l'abri du soleil. C'est là qu'on traite des affaires publiques et qu'on juge les procès. Là aussi les oisifs et les paresseux vont fumer leur pipe, et apprendre les nouvelles.

Il ne faut pas oublier, mes amis, que dans ce que je viens de rapporter des Mandingues, je n'ai entendu parler que de ceux qui sont libres, et qui forment tout au plus le quart des habitants de ces contrées. Les trois autres quarts sont nés dans l'esclavage, et n'ont aucune espérance d'en sortir : ce sont eux qui cultivent les terres, qui soignent le bétail, et sont chargés de tous les travaux pénibles.

Maintenant que je vous ai donné quelques notions sur les principaux peuples qui habitent entre la Gambie et le Sénégal, j'en viens à mon voyage (1).

Ce fut au commencement du mois de septembre que je quittai Jonkakonda et la demeure hospitalière de l'amitié. J'avais avec moi un domestique nègre, nommé Johnson, qui parlait facilement l'anglais et le mandingue, et qui devait me servir d'interprète. Mon ami me donna en outre, pour m'accompagner, un autre nègre qui lui appartenait, et qui s'appelait Demba. Pour l'engager à se bien conduire, le généreux Anglais lui promit que si, à mon retour, je rendais un compte favorable de sa fidélité et de ses services,

(1) Une partie de ce qu'on vient de lire, et tout ce que l'on va voir, est extrait du voyage intéressant de l'Anglais Mungo-Park dans l'intérieur de l'Afrique. Quelques-uns de mes jeunes lecteurs préféreraient peut-être un conte à ce voyage ; mais je les engage à prendre patience : ils verront bientôt que ce voyage est aussi amusant qu'un conte, et est infiniment plus instructif. Je les avertis que toutes les aventures qu'ils vont lire sont réellement arrivées à Mungo-Park. Il n'y a d'imaginé que le cadre où j'ai placé le récit de ces aventures.

il lui donnerait la liberté. Je montais un cheval, et les deux nègres qui me suivaient avaient chacun un âne ; cela ressemblait un peu aux voyages de don Quichotte et Sancho Pança. Mon bagage était assez léger : il consistait principalement en provisions de bouche pour deux jours, et en un petit assortiment de grains de verre, d'ambre et de tabac.

PAUL. Et que vouliez-vous donc faire de cet assortiment?

M. DE VILMARD. Comment! c'était là mon trésor : ces grains de verre, cet ambre, ce tabac, devaient me tenir lieu d'argent parmi les nègres, et me servir à acheter tout ce qui me serait nécessaire. J'aurais été beaucoup moins riche avec mes poches pleines de pièces d'or. Je portais aussi un peu de linge pour mon usage, mon parasol, un petit quart de cercle, une boussole, un thermomètre, deux fusils, deux paires de pistolets, et quelques autres petits articles. Un nègre, nommé Madibou, qui devait se rendre dans le royaume de Bambarra (1), et deux slatées, ou marchands d'esclaves, de la nation des Sérawolis,

(1) Le royaume de Bambarra formait un puissant royaume, qui était la puissance prépondérante du Soudan-Occidental. Il forme maintenant deux états distincts.

tous trois mahométants, me proposèrent de faire route avec moi jusque dans les lieux de leurs destinations respectives. La même offre me fut faite par un quatrième nègre mahométan, nommé Tami, qui avaient été longtemps au service de M. Laidley, en qualité de forgeron, et qui s'en retournait à Kasson, sa patrie, avec ce qu'il avait gagné. Je partis avec tous ces voyageurs, qui allaient à pied et poussaient leurs ânes devant eux. M. Laidley et les autres amis que je m'étais faits à Jonkakonda, voulurent m'accompagner pendant les deux premiers jours. Lorsque je me fus séparé d'eux, je m'avançai lentement dans un pays qui ressemblait à une forêt immense, et qui n'était habité que par des peuples incivilisés, pour la plupart desquels un homme blanc était un objet de curiosité ou de pillage; je me voyais presque entièrement abandonné, et cette pensée attristait mon âme. Je fus tout à coup tiré de mes réflexions par une troupe de nègres qui accoururent au-devant de moi, et me dirent que je devais les suivre à Peckaba, pour me présenter au roi de Walli, ou bien leur payer les droits qui lui étaient dus quand on traversait son pays. Je leur donnai une certaine quantité de tabac pour leur roi, et ils me laissèrent aller. Le lendemain, je me trouvai dans un autre royaume, celui de Woulli : il fallut payer un nouveau droit. J'arrivai le jour d'après à Médina, capitale de ce royaume. Cette ville contient environ mille maisons. Elle est fortifiée, comme les autres places de cette partie de l'Afrique, par une haute muraille de terre revêtue de pieux pointus et d'arbustes épineux.

J'eus l'honneur de loger chez un parent du roi. Mon hôte me prévint que, lorsque je serais présenté au monarque, je ne devais pas me hasarder à lui prendre la main, parce que ce prince n'était pas dans l'usage d'accorder cette liberté aux étrangers. L'après-midi j'allai faire ma visite à ce souverain, qu'on appelait Jatta. Je le trouvai devant sa porte, assis sur une natte ; plusieurs hommes et plusieurs femmes, rangés de chaque côté, chantaient en battant la mesure avec leurs mains. Après avoir salué le roi, qui était un vieillard, je l'informai du sujet de ma visite. Il me répondit très obligeamment que non-seulement il me permettait de passer dans ses états, mais qu'il prierait le Ciel pour ma sûreté. Alors un des nègres de ma suite, voulant témoigner au roi combien nous étions sensibles à sa bienveillance, se mit à chanter ou plutôt à mugir un cantique arabe ; et à la fin de chaque verset, le roi et tous les siens se frappaient le front avec la main, et criaient d'une voix haute et avec beaucoup de solennité, à la manière des mahométans : *Amen, amen.*

Le roi me dit ensuite que le lendemain il me donnerait un guide qui me conduirait en sûreté jusqu'à la frontière de son royaume. Je pris congé de ce bon vieillard, et dans la soirée je lui fis remettre un ordre pour prendre, de ma part, à Jonkakonda, trois gallons de rhum. Il m'envoya en retour une grande quantité de provisions. Le lendemain, 6 décembre, je me rendis de bon matin auprès du roi pour savoir si le guide qu'il m'avait promis était prêt. Je trouvai le monarque assis sur une peau de bœuf et se chauffant devant un grand feu ; car les Africains sont très sensibles aux moindres variations de la température, et souvent ils se plaignent du froid, quand un Européen trouve qu'il fait trop chaud. Ce bon prince me reçut fort bien, et me conseilla, d'un air très affectueux, de renoncer au projet de voyager dans l'intérieur de l'Afrique ; « Il ne faut pas, ajouta-t-il, juger des autres peuples par celui de Woulli : nous connaissons les hommes blancs et nous les aimons ; mais nos voisins n'en ont jamais vu, et chercheront sans doute à vous tuer. » Je le remerciai de sa bienveillante sollicitude, et n'en insistai pas moins pour qu'il me donnât un guide ; ce qu'il fit en me souhaitant un sort heureux.

Comme il n'y a guère que les principaux événements de mon voyage qui puissent vous intéresser, je ne m'arrêterai pas à vous décrire tous les lieux que je vis et où je séjournai : comme les villages et les villes ont presque tous le même aspect sauvage, la description de quelques-uns suffira pour vous donner une idée des autres. Nous arrivâmes le 8 décembre à Kolor, ville considérable. Ce que j'y vis de remarquable fut un habit de masque fait d'écorce, et qui était attaché aux branches d'un grand arbre. On me dit que c'était l'habit de *Mombo-Jombo*. Je fus, comme vous pensez bien, fort curieux de connaître ce Mombo-Jombo, dont j'avais déjà entendu parler, et qui se trouve dans toutes les villes mandingues. C'est une invention des nègres pour inspirer de la crainte à leurs femmes. Comme chaque mari en a plusieurs, il a quelquefois bien de la peine à les accorder entre elles ; elles se querellent, se battent, et ne veulent entendre aucune raison ; alors le pauvre mari a recours au terrible Mombo-Jombo. C'est au commencement de la nuit que celui-ci se présente ; il annonce son arrivée en faisant des cris épouvantables dans les bois des environs ; à la nuit fermée, il entre dans la ville et se rend au *bantang*, qui, comme je vous l'ai dit, est une espèce de halle, qui sert de rendez-vous aux habitants : tout le monde s'empresse d'y courir. La cérémonie commence par des chansons et des danses qui durent jusqu'à minuit. Toutes les femmes sont dans des transes cruelles; chacune peut craindre que la visite du masque ne la concerne. Enfin vient le moment : le Mombo désigne, avec une baguette qu'il tient à la main, la femme coupable. Cette infortunée est à l'instant saisie, mise toute nue, attachée à un poteau et cruellement frappée de la baguette du Mombo, au milieu des cris et des railleries des spectateurs. Le point du jour met un terme à cette farce aussi indécente que barbare. Je n'ai pas besoin de vous dire que c'est toujours un ami du mari, ou un homme bien instruit de ce qu'il faut faire, qui joue le rôle du Mombo-Jombo, et qui se cache sous le masque d'écorce; mais on prend bien garde de dévoiler ce mystère aux femmes; elles cesseraient peut-être de trembler au seul nom de cet épouvantail.

J'arrivai le 11 à Konjar, la dernière ville du royaume de Woulli, où devait me quitter le guide que le roi m'avait donné. Je lui fis présent d'un peu d'ambre, et il s'en alla très satisfait de moi. La vue d'un Européen n'était pas totalement étrangère aux habitants de Konjar, puisque la plupart avaient été sur les bords de la Gambie ; malgré cela, ils me regardaient avec un mélange de curiosité et de respect, et l'après-midi ils m'invitèrent à me rendre au bantang pour y voir un *néobéring*, c'est-à-dire un combat à la lutte, qu'ils exécutèrent avec autant d'adresse que de précision, au son de divers instruments. La danse succéda à cet exercice. On eut soin de me faire rafraîchir, et je bus d'une espèce de bière qui me parut fort bonne.

Comme j'avais à traverser un désert de deux jours de marche, qui sépare le royaume de Woulli de celui de Bondou, je pris deux guides qui devaient porter de l'eau dans des calebasses, parce qu'on m'avait assuré que nous n'en trouverions point dans ces lieux arides. Nous nous remîmes en route le 12. Nous avions à peine fait une lieue, que les gens de ma suite s'arrêtèrent pour préparer un saphi ; c'est un talisman, une amulette, un charme, comme il vous plaira de l'appeler, qui devait, suivant ces pauvres nègres, nous garantir de tout péril pendant la traversée du désert. Ils marmotèrent en conséquence quelques paroles, et crachèrent sur une pierre qu'ils avaient jetée dans le chemin. Ils répétèrent trois fois cette cérémonie ; après quoi ils se mirent en route avec la plus grande confiance. Dans l'après-midi nous fîmes halte sous un grand arbre, dont les branches étaient chargées de lambeaux d'étoffe : c'était encore une superstition ; chaque voyageur avait coutume de faire une espèce d'offrande, en action de grâces d'avoir heureusement passé cette partie du désert. Je me soumis à la coutume ; je suspendis une très jolie pièce d'étoffe à une des branches. Le premier endroit habité que nous trouvâmes fut Tallika, ville frontière du royaume de Bondou (1). Nous nous y reposâmes une journée. Le 14 décembre, nous nous remîmes en route pour ne nous arrêter qu'à Fatteconda : ce chemin dura huit jours ; nous n'arrivâmes que le 22 du même mois. Le royaume de Bondou, que je traversai, ne me présenta rien de plus remarquable que ce que j'avais déjà vu : les Foulahs, qui l'habitent, sont un peu moins noirs que les autres nègres. Après les Mandingues, c'est la nation la plus considérable de cette partie de l'Afrique. Ils suivent presque tous la religion de Mahomet, à laquelle ils mêlent beaucoup des superstitions de leurs ancêtres.

(1) Le royaume de Bondou fait partie des états Ghiolofs, dans la Nigritie occidentale. Sa capitale est Boulébané, résidence de l'Almamy ou chef de ce pays.

Leurs occupations habituelles sont la culture des terres et la nourriture des troupeaux de gros bétail : aussi sont-ils riches et possèdent-ils en abondance tout ce qu'exigent les premiers besoins de la vie.

En arrivant à Fatteconda (1), je me rendis directement au bantang. Comme les villes d'Afrique n'ont point d'auberge, c'est toujours là que se rendent les voyageurs, pour y attendre que quelque habitant vienne leur offrir l'hospitalité. Ce fut un des plus riches slatées qui nous reçut dans sa maison. J'y étais à peine entré, qu'un homme vint me dire qu'il était chargé de me conduire auprès du roi, qui, si je n'étais pas trop fatigué, désirait me voir à l'instant. Je pris mon interprète avec moi et suivis le messager. Nous étions sortis de la ville, et avions déjà traversé quelques champs de millet, lorsqu'il me vint dans l'idée qu'on cherchait à me jouer quelque tour. Je m'arrêtai et demandai au messager où il prétendait me conduire. Alors il me montra à quelque distance un homme assis sous un arbre, et me dit que le roi donnait souvent audience de cette manière, afin de n'être pas importuné par la foule.

(1) Fatteconda paraît être le lieu principal du territoire du Bondou qui est situé au-delà de la rivière la Falémé.

Il ajouta que moi et mon interprète nous pouvions seuls approcher du monarque.

Lorsque je fus près du roi, ce prince m'invita à me placer sur la natte où il était assis. Je lui dis quel était l'objet de mon voyage, et il parut extrêmement étonné quand il sut que je n'avais point quitté ma patrie dans l'intention de commercer et d'accroître ma fortune ; j'avais beau lui dire que mon dessein était de connaître les pays et d'observer les hommes, ces idées-là ne pouvaient entrer dans sa tête, et il ne voulait point me croire. Il m'invita à venir le voir dans la soirée, parce qu'il voulait me faire présent de quelques provisions.

Ce qu'on m'avait rapporté de ce prince m'en donnait une assez mauvaise opinion, et je ne me croyais pas trop en sûreté dans ses états. J'essayai de me le rendre favorable par quelques présents. En conséquence, lorsque je retournai vers lui dans la soirée, je pris une poire à poudre, du tabac, un peu d'ambre et mon parasol. Je ne doutai point qu'on ne visitât mon bagage ; pour éviter qu'on ne me prît certains articles, je les cachai dans le toit de la maison où je logeais ; et, voulant surtout conserver un habit bleu qui était tout neuf, je m'en revêtis.

L'ensemble des maisons occupées par le roi et

sa famille était entouré d'une très haute muraille
de terre qui en faisait une espèce de citadelle.
Cette enceinte était divisée en différentes cours.
A la première entrée, je vis un homme en faction
avec un fusil sur l'épaule ; et, pour pénétrer jusqu'au roi, il me fallut passer par un chemin tor-
tueux, et par différentes portes à chacune desquelles il y avait des sentinelles. Quand nous
fûmes arrivés à l'entrée de la cour dans laquelle
était l'appartement du roi, mon guide et mon
interprète, se conformant à l'usage, ôtèrent leurs
sandales. Le premier prononça alors très haut le
nom du roi, et le répéta jusqu'à ce que ceux qui
étaient dans l'appartement lui répondissent. Nous
trouvâmes le roi assis sur une natte, et ayant
deux de ses gens auprès de lui. Je lui offris mes
présents, dont il parut très satisfait. Mon parasol
surtout lui fit un très grand plaisir ; il l'ouvrit et
le ferma plusieurs fois, et ses deux officiers,
ainsi que lui, ne pouvaient se lasser de l'admirer.
Ils furent aussi quelque temps sans pouvoir comprendre l'usage d'une si merveilleuse machine.

Lorsque je voulus prendre congé du roi, il me
pria de rester encore un moment ; puis il commença un long discours à la louange des blancs ;
il vanta leurs richesses immenses et leur générosité ; ensuite il passa à l'éloge de mon habit

bleu, dont les boutons jaunes semblaient être singulièrement de son goût; et il finit par me prier de le lui donner, m'assurant, pour me dédommager de ce sacrifice, qu'il le porterait dans toutes les grandes occasions, et qu'il informerait tous ceux qui le lui verraient de mon extrême libéralité envers lui. Cette demande était un commandement en termes polis; et, comme je ne pouvais guère refuser sans danger, j'ôtai de la meilleure grâce du monde mon habit, le seul que j'eusse alors qui valût quelque chose, et je le mis au pied de sa majesté.

Flatté de ma complaisance il me fit donner beaucoup de provisions, et me pria de revenir chez lui le lendemain matin. Je ne manquai pas de m'y rendre. Le monarque était sur son lit; il me dit qu'il était malade, et qu'il désirait être saigné : il me croyait un chirurgien. Mais je n'eus pas lié son bras et ouvert ma lancette, que le courage lui manqua; il me pria de différer l'opération jusqu'à l'après-midi, attendu, dit-il, qu'en ce moment il se trouvait mieux qu'il n'avait été, et il me remercia très affectueusement de la promptitude avec laquelle je m'étais préparé à le servir : il ajouta que ses femmes désiraient beaucoup me voir, et qu'il serait charmé que je voulusse leur rendre visite.

Aussitôt un des officiers eut ordre de me conduire dans l'appartement des femmes. A peine
fus-je entré dans leur cour que je me vis environné de tout le sérail; les unes me demandaient des médecines, les autres de l'ambre; et
toutes voulaient éprouver le grand spécifique des
Africains, la saignée. Ces femmes étaient au
nombre de dix à douze, la plupart jeunes et jolies, et portant sur leur tête des ornements d'or
et des grains d'ambre. Elles me plaisantèrent
avec beaucoup de gaîté sur différents sujets;
elles riaient surtout de la blancheur de ma peau
et de la longueur de mon nez, soutenant que
l'une et l'autre étaient artificielles : elles disaient
qu'on avait blanchi ma peau en me plongeant
dans du lait lorsque j'étais encore enfant, et
qu'on avait allongé mon nez en le pinçant tous
les jours jusqu'à ce qu'il eût acquis cette conformation désagréable et contre nature. Pour moi,
sans disconvenir de ma difformité, je fis un très
grand éloge de la beauté africaine; je vantai leur
teint et l'agréable aplatissement de leur nez. Mais
elles me répondirent que, dans le royaume de
Bondou, on faisait peu de cas de la flatterie, ou,
comme elles l'appelaient avec emphase, *de la
bouche de miel*. Cependant, pour me témoigner
leur reconnaissance de ma visite ou de mes

éloges, auxquels je crois qu'elles n'étaient pas aussi insensibles qu'elles le prétendaient, elles me firent présent d'une jarre de miel et de quelques poissons qu'elles envoyèrent chez moi. On me pria en même temps de retourner chez le roi avant le coucher du soleil. En me rendant pour la dernière fois chez ce prince, je pris quelques grains de collier et du papier à écrire, parce que, quand on prend congé de quelqu'un, il est d'usage de lui faire un petit présent. Le roi me donna cinq drachmes d'or, en observant que ce n'était qu'une bagatelle offerte par pure amitié; mais qu'elle me serait utile dans mon voyage pour acheter des provisions. A cette marque de bienveillance il en ajouta une plus grande : il me dit que, quoiqu'on eût coutume de visiter le bagage de tous les voyageurs qui passaient dans ses états, on s'abstiendrait de le faire avec moi, et que j'étais maître de partir quand je voudrais. En conséquence de ce congé, le lendemain 23 décembre, nous quittâmes Fatteconda. Le 24, nous étions sur les terres du royaume de Galam ou Kajaaga, habité par les nègres Serawoullis, et nous fûmes coucher à la ville de Joag.

Jusqu'à présent, mon voyage n'a pas été malheureux : la fortune va désormais changer, et c'est à Joag que je sentirai durement, pour la première fois, que je suis seul et abandonné au milieu d'un peuple barbare. Je passai la nuit sous le bantang de cette ville; nul habitant n'était venu m'offrir l'hospitalité. Je reposais tranquillement sur une botte de paille de millet, lorsqu'une troupe de gens à cheval vint m'entourer et m'éveiller à grands cris. Étonné de ce concours et de ce bruit, je demandai ce qu'on me voulait. Alors un petit homme, qui avait sur lui un nombre considérable de saphis, commença à me faire une très longue harangue, pour me dire que j'étais entré dans la ville du roi sans payer les droits et sans faire aucun présent au monarque; et que, suivant les lois du pays, mes gens, mes animaux, mes bagages devaient être confisqués; il ajouta que lui et ses camarades avaient ordre de me mener à Manna, où résidait le roi, et que si je refusais de marcher de bonne volonté, ils seraient obligés de m'y conduire par force. A ces mots, tous ses camarades se levèrent et me demandèrent si j'étais prêt à les suivre. Il eût été très imprudent de ma part de vouloir résister; je feignis d'adhérer à leur proposition, et les priai seulement d'attendre que j'eusse fait manger un peu de maïs à mon cheval. Cela me fut accordé.

J'employai ce court délai à réfléchir sur ce

que je devais faire; je m'adressai à un habitant
qui m'avait montré quelque bienveillance; je lui
fis un petit présent et lui demandai comment je .
devais me conduire dans une situation aussi em-
barrassante. Il me répondit qu'il croyait ferme-
ment que je ne devais pas hasarder de me rendre
auprès du roi, parce qu'il était bien convaincu
que si ce prince découvrait qu'il y eût parmi mes
effets quelque chose qui fût à son gré, il ne serait nullument scrupuleux sur les moyens de me
le prendre. Cet avis me fit désirer de m'arranger
à l'amiable avec les envoyés du roi. Je commençai par leur faire observer que, si j'avais man-
qué aux usages, ce n'était pas faute de respect
pour le prince, ni dans le dessein d'agir contre
les lois, mais uniquement par ignorance; qu'étant
étranger, je ne pouvais connaître les lois et les
coutumes du pays; que j'étais entré sur le territoire du roi sans savoir qu'il fallût payer d'avance
les droits dûs par les voyageurs, mais que j'étais
prêt à les payer en ce moment, et que je croyais
que c'était tout ce qu'ils pouvaient raisonnable-
ment exiger.

En achevant ces mots, je leur présentai les
cinq drachmes d'or que m'avait donnés le roi de
Bondou, et je les priai de les offrir de ma part à
leur monarque. Ils ne balancèrent pas à les

prendre ; mais ils insistèrent pour visiter mon bagage, et ce fut en vain que je m'y opposai. Mon porte-manteau et mes paquets furent ouverts. Les envoyés du roi, très étonnés de n'y pas trouver autant d'or et d'ambre qu'ils l'espéraient, s'en dédommagèrent en prenant tout ce qui leur fit plaisir ; et, après s'être disputés avec moi toute la journée, ils partirent en emportant au moins la moitié de mes effets.

Cet événement accabla les nègres qui m'accompagnaient, et notre courage ne fut pas fortifié par le mauvais souper que nous eûmes, après avoir été vingt-quatre heures sans manger. Damba, mon esclave, me priait de m'en retourner ; mon domestique Johnson se moquait de l'idée de continuer notre voyage sans argent, et le nègre forgeron, qui était du royaume de Kasson, avec lequel les Serawoüllis allaient entrer en guerre, tremblait qu'on ne le reconnût pour être de pays ennemi et qu'on ne le réduisît en esclavage ; enfin notre situation était des plus déplorables. Nous passâmes la nuit auprès d'un petit feu ; et le lendemain nous nous trouvâmes encore plus malheureux que la veille : la faim nous pressait, et il nous était impossible de nous procurer des provisions ; car, si j'eusse montré de la verroterie ou de l'ambre, le roi en aurait aussitôt été informé et m'aurait probablement fait ôter le peu d'effets que j'avais cachés.

Vers le soir, j'étais assis dans le bantang, tristement occupé à réfléchir, lorsqu'une vieille femme esclave passa avec un panier sur la tête. Elle me demanda si j'avais dîné. Comme je crus qu'elle voulait se moquer de moi, je ne lui répondis pas; mais mon domestique, qui était assis à mes côtés, parla pour moi, et lui dit que des gens envoyés par le roi m'avaient dérobé tout mon argent. La bonne femme, paraissant extrêmement touchée de mon désastre, mit son panier à terre, et, me montrant qu'il contenait des pistaches, elle me demanda si j'en pouvais manger. Je lui répondis que oui. Aussitôt elle m'en donna quelques poignées, et s'éloigna sans que j'eusse le temps de la remercier d'un secours venu si à propos. Quoique cet incident fût de peu de conséquence, il me causa une véritable joie. Je considérai avec plaisir la conduite d'une pauvre esclave privée d'instruction, laquelle, sans me connaître, n'avait eu besoin, pour me secourir, que de céder à l'impulsion de son cœur : elle savait par expérience que la faim est une chose cruelle et ses propres maux l'avaient rendue sensible à ceux d'autrui.

C'est par ce trait, qui doit toucher vos jeunes

cœurs, mes enfants, que je terminerai mon récit pour aujourd'hui. Vous voyez que je me trouvais dans une situation très affligeante ; mais ce ne fut que le prélude des maux beaucoup plus grands que j'eus à souffrir, et que je vous raconterai la première fois que nous nous retrouverons ensemble.

Le royaume de Kasson. — Audience du roi de ce pays. — Fanatisme des Maures du Sahara. — Difficultés des voyages dans le désert. — Mœurs des Maures. — Chaleur extrême. — Aspect du désert. — Tortures subies par le voyageur.

M. DE VILMARD. Bien ! nous voilà placés à merveille sous ce berceau de vigne. N'avez-vous plus rien à dire?... Non... En ce cas, je reprends le récit de mes voyages... Mais où en étais-je? Qui aura la complaisance de me le rappeler?

SOPHIE. Ce sera moi, Monsieur, si vous me le permettez. Vous en êtes resté au malheur qui vous arriva à Joag, où les gens du roi de Kajaaga (1) vous enlevèrent la plus grande partie de ce que vous possédiez : vous étiez alors dans

(1) C'est le pays de Galam. Ce royaume conserve encore une ombre d'existence.

le plus grand embarras, manquant de nourriture, et en doute si vous reviendriez sur vos pas, ou si vous continueriez un voyage qui vous présentait les plus grands dangers à courir; une pauvre vieille esclave vous rendit un peu le courage en vous donnant avec bonté quelques poignées de pistaches. C'est en cet endroit que vous avez suspendu votre récit.

M. DE VILMARD. Je vous remercie, Mademoiselle : c'est avec plaisir qu'on parle devant une personne qui écoute avec autant d'attention que vous faites, et qui oublie si peu de choses.

La bonne vieille esclave me rendit en effet quelque courage ; elle me fit sentir que, si j'avais à redouter des violences et des injustices, je devais aussi espérer de trouver quelque humanité. A peine m'avait-elle quitté, que l'on vint m'avertir qu'un neveu du roi de Kasson s'apprêtait à me rendre visite. Il était venu en ambassade auprès du roi de Kajaaga, pour tâcher de rapprocher les deux nations et prévenir la guerre prête à s'allumer; mais ses tentatives avaient été inutiles, et il retournait dans son pays. Ayant appris qu'il y avait alors à Joag un homme blanc qui avait dessein de se rendre dans le royaume de Kasson, il eut la curiosité de me voir. Cette curiosité ne pouvait venir plus à propos pour moi. Je ne lui cachai ni l'injustice dont je venais d'être victime, ni l'embarras où je me trouvais. A l'instant il m'offrit obligeamment sa protection, et me dit qu'il me servirait de guide jusque dans le Kasson, si je voulais partir dès le jour suivant. Je ne demandai pas mieux; et le lendemain 27 décembre, je fus prêt au point du jour, ainsi que les gens qui m'accompagnaient. Mon protecteur, qui s'appelait Demba-Sego, avait une suite nombreuse. Nous partîmes de Joag au nombre de trente personnes, et nous avions six ânes pour porter notre bagage. Deux jours après, nous étions sur le territoire de Kasson (1).

Je ne m'amuserai point à vous raconter toutes les particularités de notre route : cela serait très peu intéressant. Je vous dirai seulement que nous eûmes à peine mis le pied sur ce nouveau territoire, que Demba-Sego me fit entendre que, comme nous étions hors de danger dans les états de son oncle, il espérait que je lui ferais un beau présent. Ce désir me surprit d'autant plus de sa part, qu'il n'ignorait pas tout ce qu'on m'avait volé à Joag. Je commençai à craindre de n'avoir rien gagné à changer de pays. Mais, comme il

______

(1) Le territoire du Kasso (Kasson), autrefois étendu au nord du Sénégal, est aujourd'hui réduit à la seule province de Logo.

eût été imprudent de me plaindre, je ne fis pas la moindre objection au neveu du roi, et je lui donnai de l'ambre et du tabac, ce qui parut le satisfaire. Il me conduisit à Tiésie, où demeurait son père. Je me vis forcé de rester une douzaine de jours dans la hutte de ce prince, qui d'ailleurs me fit assez bon visage ; mais, lorsque je voulus partir, il fut encore question de présents. Celui que j'offris ne parut pas assez considérable. Mon généreux protecteur se conduisit alors comme les voleurs de Joag : il ouvrit mes paquets, et prit tout ce qui semblait lui plaire, c'est-à-dire une bonne moitié de ce qui me restait. Cette perte, ailleurs qu'en Afrique, m'eût fait rire ; mais là, c'était la plus grande partie de ma fortune, et une fois entièrement dépouillé, il ne fallait pas espérer de recouvrer de nouvelles richesses ; je me trouvais alors dans le même cas que nos mendiants : je ne pouvais plus vivre que des secours que l'on me donnerait. Ces réflexions abattaient un peu mon ardeur, mais non pas assez encore cependant pour m'ôter le désir de poursuivre mon voyage : je trouvais que la gloire d'avoir découvert des pays inconnus jusqu'à ce jour, et les avantages qu'on pourrait retirer de ces découvertes, compenseraient bien les peines que j'avais à essuyer et les dangers qui me restaient à courir. Je rassemblai les débris de ma fortune; j'achetai un mouton gras, comme si j'eusse été plus riche, et je régalai mes compagnons, afin de relever un peu leur courage.

Le 10 janvier, je me remis en route pour Kouniakary, où résidait le roi de Kasson. Le lendemain, dans l'après-midi, nous découvrîmes la ville de Jumbo, patrie d'un de nos compagnons, du forgeron qui devait y rester. Son frère, qui avait été informé de son retour par quelque voyageur, vint à sa rencontre accompagné d'un chanteur. Il menait un cheval au forgeron, afin qu'il entrât dans sa ville natale d'une manière un peu distinguée, et il nous pria tous de mettre une bonne charge de poudre dans nos fusils. En avançant vers Jumbo, le chanteur marchait le premier, suivi des deux frères. Nous ne tardâmes pas à être joints par beaucoup de gens de la ville, qui, par leurs chants et leurs gambades, témoignaient la joie qu'ils avaient de revoir leur compatriote. Quand nous entrâmes dans la ville, le chanteur improvisa une chanson à la louange du forgeron : il vanta le courage qu'il avait montré, en surmontant beaucoup de difficultés, et il conclut par inviter tous les amis de celui qu'il célébrait, à lui préparer un repas abondant.

Lorsque nous fûmes devant la maison du forgeron, nous mîmes pied à terre, et nous fîmes une décharge de nos fusils. L'accueil que ce nègre reçut de tous ses parents fut très tendre, et il montra lui-même beaucoup de sensibilité : car ces naïfs enfants de la nature ne savent pas se contraindre, et se livrent à leurs émotions de la manière la plus forte et la plus expressive. Je m'étais retiré un peu à l'écart pendant les premiers mouvements de joie. Au bout de quelque temps, tout le monde s'assit. Le forgeron fut engagé par son père à faire le récit de ses aventures, et il obéit aussitôt. Dans la dernière partie de ce récit, il eut souvent occasion de faire mention de moi ; et, après s'être servi de plusieurs expressions très fortes pour peindre ma bienveillance à son égard, il montra l'endroit ou j'étais et s'écria : *Le voilà assis près de vous.* A l'instant, tous les yeux furent tournés sur moi ; il semblait que je venais de tomber du ciel : tous les spectateurs étaient surpris de ne m'avoir pas plus tôt aperçu ; et quelques femmes et quelques enfants montrèrent beaucoup d'inquiétude, en se trouvant si près d'un homme dont les traits et la couleur était si extraordinaires pour eux. Cependant, peu à peu leurs terreurs diminuèrent ; et, quand le forgeron leur eut assuré que je ne leur ferais point de mal, quelques-uns se hasardèrent jusqu'à venir examiner mes vêtements. Beaucoup d'autres n'étaient pas tout à fait sans défiance : sitôt que je me remuais, ou que je regardais des enfants, leurs mères se hâtaient de les emporter loin de moi. Ce ne fut qu'au bout de quelques heures qu'on s'accoutuma à ne pas me craindre. Je passai le reste de la journée et le lendemain à me réjouir avec ces bonnes gens; ensuite je songeai à mon départ.

C'était à Kouniakary, résidence du roi, que je dirigeai mes pas. Je m'arrêtai sur la route chez un slatée, ou marchand qui faisait le commerce de Gambie et jouissait d'une grande considération. M. Laidley, mon ami, qui le connaissait beaucoup, lui avait confié des marchandises pour la valeur de cinq esclaves, et m'avait donné un ordre pour en toucher le montant. Je fus assez heureux pour trouver ce slatée chez lui, et pour toucher le tiers de cette somme en poudre d'or. Ce secours, sur lequel je n'avais guère compté, me permettait d'aller encore loin, en supposant qu'il n'y eût pas quelque prince officieux qui en prît sa part.

Le 15 janvier, à huit heures du matin, je me rendis à l'audience du roi de Kasson. Le peuple se portait en foule sur mon passage; on n'avait pas encore vu à Kouniakari un être aussi extraordinaire que moi. J'eus bien de la peine à passer; enfin, je parvins jusqu'au roi, que je trouvai assis sur une natte, dans une grande chaumière. Je lui exposai le sujet de mon voyage, dont il ne parut pas très persuadé, et lui demandai la permission de traverser ses États. Le présent que je lui fis parut lui plaire; il me donna en retour un beau taureau blanc.

Comme la guerre était sur le point d'éclater entre les royaumes de Kasson et de Kajaaga, et que le royaume de Kaarta, qui était sur ma route, allait aussi prendre les armes, je fus obligé, pour ma sûreté, de passer quelques jours à Kouniakary. Le 4 février, nous nous remîmes en voyage : le roi m'avait donné deux guides à cheval pour me conduire jusqu'aux frontières de ses états. Le 12, j'arrivai à Kemmou, la capitale du Kaarta. Suivant ma coutume, je me hâtai d'aller rendre mon hommage au roi : c'était presque toujours par là qu'il fallait commencer; ces princes étaient fort curieux de voir un homme blanc. Le roi du Kaarta me parut d'un excellent caractère; il habitait une grande hutte, comme presque tous ses sujets, et n'avait rien qui le distinguât de ceux qui l'environnaient, qu'un siége de terre couvert d'une peau de léopard : c'était là son trône. Il m'accueillit avec beaucoup de bonté; et, quand il eût entendu mon projet de passer de ses états dans le royaume de Bambara, il blâma ma résolution et me fit envisager les dangers qui me menaçaient au milieu de la guerre terrible qui venait d'éclater ; mais, voyant qu'il ne gagnait rien par ses sages conseils, il m'engagea alors de me diriger sur le royaume de Ludamar, habité par les Maures, afin de me rendre par ce détour dans le Bambara ; car, si je fusse entré dans ce royaume, en sortant de celui de Kaarta, on m'eût pris pour un espion, et j'eusse été infailliblement pillé et peut-être massacré. Je le remerciai de sa bienveillance, et lui présentai mes pistolets d'arçon et leurs fourreaux ; il les reçut, et donna ordre que l'on portât à ma demeure un de ses plus beaux moutons. Lui ayant dit que je désirais me mettre en route le lendemain même, il me promit huit cavaliers pour m'escorter aussi loin que les hostilités commencées le permettaient. Ce roi est un des meilleurs et des plus modérés que j'aie trouvés en Afrique : il se contenta de ce que je lui offris.

La route de Kemmou à Jarra, ville du royaume de Ludamar, fut dangereuse : les Maures, qui rôdent en brigands dans ces contrées, nous inspirèrent plus d'une fois de vives craintes : jusque là cependant nous en fûmes quittes pour la peur.

Jarra est une grande ville un peu mieux bâtie que celles que j'avais déjà vues dans cette partie de l'Afrique ; elle est habitée par des nègres qui se sont mis sous la protection des Maures, leurs voisins, qui sans cela viendraient les piller à chaque instant.

Ces Maures, qui habitent la lisière du grand désert de Zara ou Sahara, dont nous approchions, sont bien les hommes les plus méchants de l'univers. Ils ne sont pas aussi noirs que les nègres ; ils ressemblent assez aux mulâtres, et paraissent descendre des nègres et des Maures du nord de l'Afrique. Ils n'ont point de villes ; ils campent sur les bords du désert dans les endroits où l'on trouve de l'eau et quelques pâturages. Ils suivent la religion de Mahomet, sont fort ignorants et d'un fanatisme qui les rend les plus féroces des hommes. Le roi des Maures de Ludamar s'appelait Ali, et avait son camp à Benowm, lorsque j'arrivai à Jarra. Je m'empressai de faire partir un messager pour lui offrir un présent, et lui demander la permission de voyager dans ses états. Je fus obligé d'attendre quinze jours ; mais j'étais bien ; je patientai facilement, et je faisais les plus beaux projets, lorsqu'une troupe de soldats d'Ali entra dans la maison que j'habitais. Ils me dirent que leur maître les avait chargés de me mener dans son camp; que, si je voulais m'y rendre de bonne grâce, je n'avais rien à craindre; mais que, si je refusais de marcher, leur ordre portait de m'y conduire par force. Ils ajoutèrent qu'ils venaient me chercher pour complaire à Fatime, épouse d'Ali, qui était fort curieuse de voir comment était fait un Européen. Je sentis, d'après cela, qu'il fallait, bon gré mal gré, contenter la curiosité de la princesse; et, quoique je n'espérasse rien de bon de ce voyage, je m'empressai cependant de suivre les messagers d'Ali. Johnson, mon domestique, et Demba, mon esclave, ne m'accompagnèrent dans cette route qu'avec la plus grande répugnance. Nous étions alors au commencement du mois de mars.

Après quatre jours d'une marche pénible dans un pays aride, couvert de sable, et où l'on ne trouve de l'eau qu'à de très grandes distances, nous arrivâmes à Benowm, résidence d'Ali. Son camp offrait le spectacle d'un grand nombre de tentes malpropres, semées sans ordre sur un vaste terrain, et au milieu desquelles étaient de grands troupeaux de chameaux, de bœufs et de chèvres. Dès qu'on sut que j'étais à l'entrée du camp, les Maures qui puisaient de l'eau quittèrent leurs seaux, ceux qui étaient sous les tentes montèrent à cheval; et les hommes, les femmes,

les enfants. accoururent sur mon passage. Je me
vis bientôt environné et pressé par tant de monde,
qu'il m'était presque impossible de me remuer. .
L'un me tirait par l'habit; l'autre m'ôtait mon
chapeau; un troisième m'arrêtait pour examiner
les boutons de ma veste; un quatrième criait en
langue arabe : *Dieu est grand, et Mahomet est son
prophète!* et il ajoutait, en me menaçant, qu'il
fallait que je répétasse ces paroles. Ces commencements me firent prévoir tous les maux qui
m'attendaient; mais il n'était plus en mon pouvoir de les éviter. Je remis ma confiance en Dieu,
et le courage ne m'abandonna point. Enfin nous
arrivâmes à la tente du roi, devant laquelle beaucoup d'hommes et de femmes s'étaient rassem-
blés. Ali, assis sur un coussin de maroquin noir,
était occupé à rogner quelques poils de ses mous-
taches, tandis qu'une femme esclave tenait un
miroir devant lui. C'était un vieillard de la race
des Arabes; il portait une longue barbe blanche,
et avait l'air sombre et de mauvaise humeur. Il
me considéra très attentivement. Ensuite il demanda à mes conducteurs si je parlais la langue
arabe, et parut très étonné d'apprendre que je
n'en savais pas un mot; il garda le silence. Les
personnes qui étaient auprès de lui, et surtout
les femmes, ne faisaient pas de même. Elles

4*

m'accablaient de questions, regardaient toutes les parties de mes vêtements, fouillaient dans mes poches, et m'obligeaient à déboutonner mon gilet pour examiner la blancheur de ma peau ; elles allèrent même jusqu'à compter les doigts de mes pieds et de mes mains, comme si elles avaient douté que j'appartinsse véritablement à l'espèce humaine. L'heure de la prière put seule me débarrasser de cette foule d'importuns. La nuit étant venue, on me donna une gamelle de maïs bouilli avec du sel et de l'eau : je partageai ce frugal repas avec Demba et Johnson, et nous nous couchâmes devant la tente d'un esclave du roi, car on ne nous permit pas d'entrer dedans. Au lever du soleil, Ali vint lui-même me dire qu'il m'avait fait préparer une cabane, et l'on m'y conduisit.

Lorsque j'y fus entré, les Maures s'assemblèrent en foule pour me contempler. Leur curiosité était extrêmement incommode : il fallait me déchausser pour leur montrer mes pieds ; j'étais même obligé d'ôter ma veste et mon gilet, afin de leur faire voir comment je m'habillais et me déshabillais. Ils ne pouvaient se lasser d'admirer l'invention des boutons ; et depuis midi jusqu'au soir je ne fis autre chose que d'ôter et remettre mes habits, les boutonner et les déboutonner : car ceux qui avaient déjà vu ces merveilles insistaient pour que leurs amis pussent jouir du même plaisir. Le soir, Ali m'envoya un peu de kouskous avec du sel et de l'eau pour mon souper. Ces aliments vinrent à propos, car je n'avais rien mangé depuis le matin. La nuit on tint des sentinelles à ma porte : j'étais tout-à-fait prisonnier, et ne pouvais plus disposer de mes actions. Au retour du jour, les importunités, les insolences, les insultes et les mauvais traitements recommencèrent. Il m'est impossible de vous décrire la conduite d'un peuple qui se fait une étude de la méchanceté comme d'une science, et qui se réjouit des chagrins et des infortunes des autres hommes. Cette méchanceté est le fruit de l'ignorance et du fanatisme : ce peuple, grossier et sauvage, a la plus haute opinion de lui-même et méprise tous les étrangers ; son titre de mahométan lui fait croire qu'il est le peuple par excellence ; et il s'imagine faire un acte de piété quand il tyrannise ce qu'il nomme un *infidèle*, c'est-à-dire un homme d'une autre religion.

Ces Maures, comme tous ceux qui vivent dans les parties habitables du désert, sont pasteurs, et se nourrissent du lait et de la chair de leurs troupeaux. Ils s'occupent très peu de l'agriculture : les nègres leur fournissent des grains, de la toile de coton et d'autres objets de nécessité. Leur habillement est semblable à celui des nègres, dont je vous ai déjà donné la description ; ils ne portent de plus, comme sectateurs de Mahomet, qu'un turban, c'est-à-dire un morceau de toile de coton blanche dont ils s'entourent la tête. Le roi est toujours vêtu d'étoffes bien plus belles que celles des autres Maures : il porte tantôt de la toile de coton bleue, tantôt de la toile de lin ou de la mousseline. Il a aussi une tente plus grande que les autres, et remarquable par la toile blanche qui la couvre. Mais d'ailleurs il oublie fréquemment avec ses sujets toute espèce de distinction de rang : il n'est pas rare de le voir manger dans la même jatte et se coucher sur le même lit que le conducteur de ses chameaux. La grande occupation des hommes est le soin de leurs chevaux ; ils sont tous excellents cavaliers ; leur conversation la plus ordinaire roule sur ces animaux, quand cependant il n'est pas question de former quelque projet de rapine dans les terres des nègres. Les jeûnes fréquents et rigoureux que la religion prescrit aux Maures, et les pénibles voyages qu'ils font à travers les déserts, les rendent capables d'endurer la faim et la soif avec un courage étonnant ; et cette habitude des privations ne les empêche pas, quand l'occasion s'en présente, de satisfaire leur appétit avec une voracité qui leur fait engloutir dans un seul repas la nourriture qui suffirait à trois Européens.

Ils voulurent sans doute m'accoutumer à jeûner à leur exemple : car ils ne me donnèrent, pendant tout le temps que je fus parmi eux, qu'une fois par jour à manger. Ils furent même deux jours de suite sans m'apporter la pitance accoutumée qui servait à nourrir mes deux nègres et moi. Demba se rendit alors dans une petite ville habitée par des nègres et peu éloignée du camp. Il y mendia de porte en porte; mais il ne put obtenir que quelques poignées de pistaches, qu'il vint aussitôt partager avec moi.

La faim est d'abord très pénible à supporter; mais, au bout de quelque temps, la douleur qu'elle cause dégénère en langueur et en débilité; et alors un peu d'eau que l'on boit, tenant l'estomac tendu, ranime les esprits, et écarte, pour quelques instants, toute sorte de malaise. Johnson et Demba étaient extrêmemeut abattus; ils restaient couchés sur le sable et plongés dans un sommeil presque léthargique; et, lorsque enfin on nous apporta du kouskous, j'eus de la peine à les réveiller. Pour moi, je ne me sentais aucune envie de dormir; mais ma respiration était convulsive, et ressemblait à une continuation de soupirs. Ce qui m'alarmait le plus, c'était de sentir ma vue s'affaiblir, et de me trouver prêt à m'évanouir toutes les fois que je voulais me tenir debout. Ces symptômes de faiblesse ne m'abandonnèrent que quelque temps après que j'eus pris de la nourriture.

Comme on ne m'avait fait venir que pour satisfaire la curiosité de la reine Fatimé, j'attendais avec impatience le moment où je serais présenté à cette belle princesse, dans l'espoir de recouvrer ensuite ma liberté; malheureusement elle n'était point au camp de Benowm lorsque j'y arrivai; on l'attendit vainement pendant deux mois, et ces deux mois furent pour moi une suite de supplices sans cesse renouvelés. Je commençais à me désespérer, lorsqu'il prit fantaisie au roi d'aller trouver son épouse : le camp fut aussitôt levé; on plia les toiles des tentes, on arracha les piquets qui les soutenaient, et le tout fut placé sur le dos des bœufs et des chameaux; les femmes s'y placèrent également, les hommes montèrent sur leurs chevaux, et la caravane se remit en marche : c'était une ville entière qui abandonnait la place qu'elle avait occupée, pour aller se rasseoir à trois ou quatre journées de marche de sa première station. Cette petite course ne fit qu'ajouter à mes maux; on m'oublia au milieu des tracas de ce déménagement : je fus, en quelque sorte, obligé de mendier de côté et d'autre la nourriture qui m'était nécessaire. Je ne pouvais rien acheter, car l'honnête roi de Ludamar s'était emparé de tout ce que je possédais.

En arrivant au nouveau camp, je me rendis dans la tente d'Ali pour présenter mon respect à la reine Fatime. Ali parut satisfait de mon empressement, et daigna me toucher la main; il dit à la reine que j'étais ce chrétien dont on lui avait parlé. Il me sembla d'abord qu'elle était choquée de voir aussi près d'elle un animal de mon espèce. Cependant elle m'interrogea par le moyen d'un jeune nègre qui parlait l'arabe et le mandingue, et, lorsque j'eus répondu à plusieurs de ses questions sur le pays des chrétiens, elle me parut plus à son aise, et me présenta une jatte de lait, ce que je considérai comme un augure favorable.

La chaleur était extrême; toute la nature en était accablée. Le pays présentait aux regards une vaste étendue de sable, où croissaient de loin en loin quelques arbres rabougris et quelques buissons hérissés d'épines. Les chameaux et les chèvres broutaient le peu de feuilles qu'avaient ces arbres et ces buissons, tandis que les vaches et les bœufs, affamés, paissaient à côté l'herbe flétrie.

Là, l'eau était plus rare qu'à Benowm : jour et nuit les puits étaient entourés de bétail mugissant et combattant pour s'approcher de l'abreuvoir. L'excessive soif rendait beaucoup de taureaux furieux; d'autres, trop faibles pour disputer l'eau, cherchaient à étancher leur soif en dévorant le limon noir des égoûts autour des puits, ce qui leur devenait presque toujours fatal.

Cette grande rareté d'eau était cruellement sentie par tous les gens du camp; mais nul n'en souffrait autant que moi. Il est vrai que Fatime me donnait un peu d'eau une fois ou deux par jour, et que le roi, dans un moment de générosité, m'avait permis d'avoir une outre à moi; mais presque toutes les fois que mon nègre Demba s'approchait des puits pour la remplir, les grossiers et cruels Maures qui s'y trouvaient le repoussaient à coups de bâton. Tous ces misérables fanatiques étaient étonnés que l'esclave d'un chrétien osât tirer de l'eau des puits qui avaient été creusés par les sectateurs du prophète Mahomet. A la fin, la brutalité de ces barbares effraya tellement Demba, qu'il aurait, je crois, préféré mourir de soif, à essayer d'aller remplir mon outre; il se contentait de mendier de l'eau des nègres esclaves qui servaient dans le camp. Je

suivais son exemple, mais avec très peu de suc-
cès. Quoique je ne laissasse échapper aucune
occasion, quoique mes sollicitations fussent très
pressantes auprès des Maures et auprès des nègres, je n'obtenais que rarement un peu d'eau
pour rafraîchir ma bouche enflammée. Cette soif
ardente, qui dévorait mes entrailles, me poursui-
vait jusque dans mes songes. A peine étais-je
endormi, que mon imagination me transportait
auprès des ruisseaux et des rivières de ma patrie;
il me semblait que je me promenais sur leurs
bords verdoyants, que je voyais avec transport
couler leurs ondes pures, que je m'avançais pour
en boire.... Hélas! elle fuyait mes lèvres, cette
onde imaginaire; et ce malheur me réveillait toujours. Alors je me retrouvais tel que j'étais en
effet, un malheureux captif, abandonné du monde
entier, et périssant de misère au milieu des déserts de l'Afrique.

Une nuit que j'avais en vain demandé de l'eau
dans le camp, je résolus de tenter de m'en procurer un peu aux puits les plus éloignés des
tentes. Je partis à minuit pour m'y rendre; et,
guidé par le mugissement du bétail, j'y arrivai
bientôt. J'y trouvai des Maures occupés à tirer de
l'eau. Je les priai de me laisser boire, mais ils
refusèrent en m'accablant d'injures. Passant d'un

puits à l'autre, j'en vois enfin un auprès duquel il n'y avait qu'un vieillard et deux enfants. Je répétai ma prière au vieillard : il eut pitié de moi ; il me présenta un seau qu'il venait de remplir, mais tout à coup, se rappelant que j'étais chrétien, et craignant sans doute que son seau ne fût souillé par mes lèvres, il versa l'eau dans une auge, et me dit d'y boire. Quoique l'auge fût très petite, et qu'il y eut déjà trois vaches qui y buvaient, je me décidai à prendre ma part de l'eau. Je me mis à genoux, je passai ma tête entre celle des deux vaches, et je bus avec grand plaisir jusqu'à ce que l'eau fût épuisée, et que les vaches commençassent à se disputer la dernière gorgée.

Le mois de mai, si chaud en Afrique, se passa pour moi dans cette misère, et n'apporta aucun changement dans ma situation. Ali me regardait toujours comme un homme qu'il avait droit de retenir prisonnier ; et, quoique Fatime me fît donner une plus grande quantité de nourriture que je n'en avais eu à Benowm, elle n'avait encore rien dit au sujet de ma délivrance. J'eusse peut-être péri au milieu des barbares qui me tenaient dans leurs fers, sans un événement que je n'avais pu prévoir. Ali, à cause de la guerre qui déchirait ses voisins, fut obligé de se rendre à

Jarra. Cette circonstance me sembla trop importante pour que je ne dusse pas chercher à en profiter. Fatime avait la principale part dans la direction des affaires ; je m'adressai à elle, et la suppliai de faire en sorte qu'Ali m'accordât la permission d'aller avec lui à Jarra. Cette prière fut favorablement écoutée : Fatime me regarda avec douceur, et me parut touchée de compassion. Elle fit tirer mes paquets d'un grand sac de cuir où on les avait mis, et me dit de lui expliquer l'usage des choses qu'ils contenaient, et de lui montrer comment on met les bas, les bottes, et les divers vêtements. Je fis avec empressement ce qu'elle désirait : après quoi elle me dit que dans peu de jours je serais maître de partir. Cette promesse remplit mon cœur de joie, ne doutant pas que, si je pouvais aller à Jarra, je ne trouvasse les moyens de m'échapper de cette ville. Je me livrai donc au doux espoir de voir bientôt ma captivité terminée. Heureusement cet espoir ne fut pas trompé : Ali m'accorda cette permission. Enfin, vint l'heureux jour du départ ; je m'en souviens encore : c'était le 28 mai.

La veille de ce jour j'avais été prendre congé de la reine Fatime, et cette princesse, avec beaucoup de grâce et de bienveillance, m'avait rendu une partie de mes effets. Dans la soirée du même jour, Ali me renvoya mon cheval avec son harnais. Mais, sans doute pour que ma joie ne fût pas complète, au moment où l'on se disposait à partir, et où Johnson et Demba se réjouissaient avec moi, arrive un esclave du roi qui me dit qu'Ali gardait mon nègre Demba, et me laissait Johnson, parce qu'il était vieux. En même temps l'esclave prit par le bras le pauvre Demba, qui était attéré, et lui ordonna de marcher avec lui. Cet ordre du tyran me frappa aussi fortement que le malheureux nègre : je courus à la tente d'Ali, et le suppliai presque à mains jointes de me laisser mon nègre ; je lui dis que ce n'était point un esclave, et que nul n'avait de droit sur sa personne. Le cruel Maure, ennuyé de m'entendre, m'interrompit en me disant que, si j'insistais encore, je serais moi-même envoyé au camp avec le nègre. Il me fallut me taire. J'embrassai, les larmes aux yeux, le pauvre Demba ; les maux qu'il avait soufferts avec moi me l'avaient rendu cher ; je le regardais comme un ami ; je lui dis que je ferais mon possible pour le racheter : on l'arracha de mes bras, et je ne l'ai plus revu. Cette séparation me navra le cœur. Je montai à cheval, selon l'ordre que j'en reçus, et je suivis tristement la troupe des Maures.

Jarra, où nous arrivâmes bientôt, était dans le trouble et la confusion; on apprenait à chaque instant, par des gens qui s'y réfugiaient, que le roi du Kaarta s'en approchait avec une armée nombreuse. Ali, qui était venu avec la promesse de secourir les habitants, reçut la somme qu'ils lui avaient offerte, et se retira ensuite, se souciant fort peu s'il passait pour un homme de mauvaise foi, quand cela lui était de quelque avantage. Ces pauvres gens, abandonnés à eux-mêmes, se trouvèrent dans une situation affreuse. Se sentant hors d'état de résister, ils prirent le parti de quitter leur ville et de se retirer dans le désert. Les femmes se mirent à battre du grain et à emporter les bagages. Lorsque tout fut prêt, on partit. Je n'ai pas besoin de vous dire combien ce départ fut triste. Les hommes étaient mornes et abattus; les femmes et les enfants pleuraient; ils quittaient tous avec douleur leur ville natale; en marchant, ils se retournaient souvent pour la regarder, ainsi que les puits et les rochers auprès desquels ils avaient longtemps espéré couler des jours tranquilles, et dont ils étaient forcés de s'éloigner pour aller chercher un asile parmi des étrangers ou au milieu du désert inhabitable.

Dans ce tumulte, j'étais en quelque sorte oublié ; Ali ne m'avait point remmené, et vous pensez bien que je n'avais point réclamé contre cet oubli de sa part ; je songeai, au contraire, à en profiter pour me tirer entièrement de ses chaînes. Je fus d'abord tenté de retourner sur mes pas, et j'avoue que c'était ce que je désirais le plus vivement ; mais, en réfléchissant un peu, je sentis que cela m'était impossible : tous les pays que j'avais traversés étaient dans un trouble affreux ; le pillage, l'incendie et la mort volaient d'habitation en habitation ; nulle part il n'y avait de sûreté pour personne et encore moins pour un étranger : il n'y avait pas de doute que j'aurais été assassiné au premier endroit ou à la première rencontre des gens de guerre ; le parti le plus prudent pour moi était donc d'entrer dans le Bambara, où j'avais eu d'abord l'intention de me rendre. Je restai cependant quelques jours indécis. Une chose surtout qui me retenait, c'est que Johnson, mon domestique, refusait de me suivre plus loin. Nos infortunes l'avaient entièrement dégoûté, et il aimait mieux perdre tout ce que je lui avais promis que de m'accompagner encore. Il avait trouvé un slatée ou marchand qui le prenait à son service, et devait, après la guerre, l'emmener avec lui sur les bords de la Gambie, d'où nous étions partis. Je ne pouvais m'opposer à sa résolution ; elle était juste et prudente de sa part, et je me vis entièrement abandonné.

J'étais encore dans l'incertitude sur ce que je devais faire, quand deux Maures arrivèrent et me dirent qu'ils avaient ordre de me reconduire au camp d'Ali. Cette annonce me décida sur-le-champ ; je ne cherchai plus que l'occasion favorable de m'enfuir. J'allai examiner mon cheval ; la pauvre bête était d'une maigreur excessive, et ne devait pas me conduire bien loin ; mais il ne m'était plus possible d'attendre, et l'essentiel était de m'éloigner à temps, ou sans cela je perdais tout espoir de recouvrer ma liberté. Je parus tranquille tout le jour, et n'inspirai aucune défiance à mes surveillants. La nuit venue, je préparai mon bagage, qui consistait en deux chemises, deux paires de culottes longues, deux mouchoirs de poche, une veste, un gilet, un chapeau et un manteau. C'était toute ma garde-robe, et je n'avais plus ni verroterie, ni aucun autre article de prix, pour acheter des vivres pour moi et du maïs pour nourrir mon cheval. La Providence était mon seul espoir, et je n'avais jamais cessé de me confier en elle.

A la pointe du jour, Johnson, qui avait veillé sur les Maures toute la nuit, vint me dire qu'ils

étaient endormis. C'était le moment d'une crise
terrible : il fallait jouir du précieux avantage
d'être libre, ou languir le reste de mes jours
dans la captivité ; ce moment devait décider du
sort de ma vie entière. Je pris mon paquet ; je
passai légèrement par dessus les nègres qui dor-
maient devant la porte de la hutte où je me
trouvais, et, étant monté à cheval, je dis adieu
à Johnson, que depuis ce jour je n'ai pas plus
revu que le pauvre Demba. Je marchai avec beaucoup de précaution, examinant jusqu'au moindre
buisson, écoutant sans cesse et regardant si je
n'étais pas suivi par les cavaliers d'Ali. Des pasteurs que je rencontrai dans un lieu où il y avait
de l'eau me poursuivirent longtemps à coups de
pierres. A peine en étais-je débarrassé, que je
fus atteint par trois cavaliers maures qui venaient
vers moi au grand galop, en brandissant leurs
fusils à deux coups. Je me crus perdu sans res-
source ; et, voyant qu'il était inutile de songer à
leur échapper, je pris le parti de m'arrêter et de
les attendre. Ils ne me laissèrent pas longtemps
en suspens sur leur intention : l'un d'eux me
commanda d'ouvrir mon paquet et de lui montrer ce qu'il contenait. Je vis alors qu'il n'était
question que de me voler ; c'était un malheur,
mais non pas le plus grand qui pût m'arriver :

j'obéis. Après avoir examiné mon bagage, les Maures n'y trouvèrent rien qui leur convînt, à l'exception de mon manteau, qu'ils prirent. Ce manteau m'était extrêmement utile; il servait à me garantir de la pluie pendant le jour, et des moustiques, espèces de moucherons très importuns, pendant la nuit. Je sentis vivement sa perte; je suppliai pour qu'il me fût rendu, mais un des voleurs me fit entendre qu'il tirerait son fusil sur moi, si je ne m'éloignais pas. Il fallut encore obéir, et ce fut de très bon cœur, parce qu'alors je fus pleinement convaincu que ces gens n'en voulaient point à ma liberté.

Il m'est impossible de vous décrire la joie qui s'éleva dans mon âme, lorsqu'ayant regardé autour de moi, je me vis hors de danger. J'étais comme un homme qui, après une grande maladie, se trouve convalescent; je respirais avec plus de facilité; je sentais mes membres beaucoup plus dispos; le désert me paraissait agréable, et je ne craignais que de rencontrer quelque troupe de Maures vagabonds, qui me ramenassent dans le pays des voleurs et des meurtriers, d'où je venais de m'échapper.

Cependant je ne tardai pas à m'apercevoir combien ma situation était encore déplorable; car je n'avais ni les moyens de me procurer ma nourriture, ni la certitude de trouver de l'eau. La soif même se fit sentir avant la faim ; je n'en continuai pas moins d'avancer le plus vite possible. Un peu après midi, la chaleur du soleil étant devenue plus ardente par la réverbération du sable échauffé, je me sentis affaibli par le besoin de me rafraîchir. Je montai sur un arbre, dans l'espoir de découvrir de la fumée, ou quelque autre trace d'habitation humaine. Ce fut en vain : je ne découvris autour de moi que des halliers épais et de petites montagnes de sable blanc. Dans la soirée, je rencontrai deux jeunes Maures qui conduisaient un troupeau de chèvres ; je me hasardai de demander un peu d'eau. Ils ne me répondirent qu'en me montrant leurs outres vides, et ajoutèrent qu'il n'y avait point d'eau dans les environs.

Cela n'était pas consolant, mais il ne s'agissait plus de me repentir du parti que j'avais pris ; je me remis en marche, dans l'espoir que la nuit je pourrais découvrir quelques mares. Ma soif était alors devenue insupportable ; j'avais la bouche sèche et enflammée ; une obscurité soudaine et fréquente couvrait ma vue, et je me sentais défaillir. Mon cheval étant excessivement fatigué, je commençais à craindre sérieusement de périr de soif. Pour rafraîchir ma bouche et mon gosier brûlant, j'essayai de mâcher les feuilles de différents arbustes; mais je les trouvais toutes amères, et je n'en fus nullement soulagé.

Un peu avant le coucher du soleil, ayant gagné le haut d'une colline, je montai sur un arbre très élevé, et je promenai mes tristes regards sur le désert, sans découvrir rien qui m'indiquât quelque demeure d'homme. Ce n'était de tous côtés qu'une horrible uniformité de sable et d'arbustes, et le même horizon que l'on voit à la mer. En descendant de l'arbre, je vis que mon cheval mangeait avec avidité les petites branches des arbustes, et comme je ne me sentais pas la force de marcher, et que ce pauvre animal était trop fatigué pour me porter, je crus que ce serait un acte d'humanité, et peut-être le dernier que je pusse faire, que de lui ôter la bride et de l'abandonner à lui-même.

Pendant ce temps-là j'éprouvais un tournoiement de tête et une extrême faiblesse; enfin je tombai sur le sable, et je me crus prêt à expirer. Je fis quelques efforts pour me relever, mais inutilement. *Que la volonté de Dieu soit faite,* me dis-je en moi-même; *s'il a résolu que je périsse abandonné au milieu de ce désert, je lui remets sans murmure l'âme qu'il a créée en moi.* En achevant cette pensée, je jetai sur ce qui m'environnait un regard que je crus le dernier qui partirait de mes yeux, et tandis que je réfléchissais sur le terrible changement qui semblait prêt à s'opérer en moi, le monde et toutes mes pensées disparurent; je tombai dans un profond évanouissement.

Je restai bien une heure dans cet état; le peu de fraîcheur que l'approche de la nuit répandit dans l'air me rappela à la vie : je me vis étendu sur le sable, et tenant encore ma main sur la bride de mon cheval. Je rappelai tout mon courage, et résolus de faire un dernier effort pour prolonger mon existence. Comme la soirée était un peu fraîche, je pris le parti de marcher à pied aussi longtemps que je pourrais, pour chercher de l'eau, objet de tous mes désirs. Une heure s'était à peine écoulée, que j'aperçus quelques éclairs blanchir rapidement l'horizon. Cette vue fut délicieuse pour moi, car elle me promettait de la pluie. L'obscurité et les éclairs augmentèrent d'instant en instant, et bientôt le vent agita les buissons. J'avais déjà ouvert ma bouche pour recevoir les gouttes rafraîchissantes que j'attendais, lorsque je fus couvert d'un nuage de sable, poussé par le vent avec tant de force, que mon visage et mes bras en éprouvèrent une sensation très pénible, et que je fus obligé de monter à cheval et de m'abriter sous des arbres pour ne pas être suffoqué. Une immense quantité de sable continua à couvrir l'air pendant une heure; après quoi je me remis en route, quoique j'eusse beaucoup de peine à marcher : enfin, sur les onze heures du soir, de nouveaux éclairs très vifs furent suivis de quelques grosses gouttes de pluie. Peu de temps après, le sable cessa de voler. Je descendis de cheval et j'étendis tout mon linge blanc pour recueillir la pluie que j'étais presque sûr de voir bientôt tomber. Il plut en effet abondamment pendant plus d'une heure, et j'étanchai ma soif en tordant et en suçant mon linge. Ce secours que le Ciel m'envoya me rendit la vie; je me sentis alors de nouvelles forces, et je ne cessai point de marcher tant que la nuit dura.

Ce ne fut que sur le milieu du jour qui suivit que je découvris une habitation; je reconnus, à la culture qui l'environnait, qu'elle appartenait à des nègres foulahs, et cela me donna le courage de m'y diriger. D'ailleurs, la faim m'y contraignait : mourir d'une façon ou d'une autre, peu importait; le besoin pouvait aussi bien me tuer que le fusil d'un Maure. Je m'acheminai directement à la maison du douty, c'est le nom que l'on donne aux chefs des habitations qui dépendent des Maures, et je demandai un moment d'hospitalité. Il me fut durement refusé; on me refusa même une poignée de maïs pour moi et pour mon cheval. Je m'éloignai de cette demeure inhospitalière, et sortis du village. Je vis en dehors des murs quelques tentes dispersées, vers lesquelles je dirigeai ma marche, me rappelant en ce moment qu'en Afrique, comme en Europe, la bienveillance n'habite pas toujours la maison du plus riche. A la porte d'une des huttes était assise une vieille femme qui filait du coton. Je lui fis signe que j'avais faim. A l'instant elle posa sa quenouille, et me pria en arabe d'entrer chez elle. Quand je fus assis, elle mit devant moi un plat de kouskous, dont je fis un repas délicieux. Je fis présent à cette bonne vieille d'un de mes mouchoirs de poche, et je lui demandai un peu de maïs pour mon cheval. Elle m'en apporta aussitôt. Transporté de me voir si heureusement secouru, je levai mes yeux au Ciel, tandis que mon cœur, rempli de gratitude, rendait grâce à l'Être tout puissant et bon, qui, après m'avoir soutenu au milieu de tant de dangers, venait de me faire dresser une table dans le désert.

Tandis que mon cheval mangeait, les gens du village commencèrent à se rassembler, et parlèrent entre eux de m'arrêter et de me conduire au camp d'Ali, dans l'espoir d'avoir une récompense. Je ne leur laissai pas le temps de prendre cette résolution ; je montai à cheval et je m'enfonçai au plus vite dans le désert. Quand je fus assez éloigné de toute habitation, je ramassai quelques branchages et me couchai dessus. Le sommeil vint aussitôt suspendre mes maux et mes inquiétudes, et je ne me réveillai qu'à l'entrée de la nuit. Je me remis en route, et ne m'arrêtai que le lendemain vers le milieu de la journée. Un pauvre foulah me fit entrer dans sa hutte ; sa femme et ses enfants s'enfuirent en poussant des cris de frayeur quand ils surent que j'étais chrétien. Mon hôte, sans doute plus raisonnable, ne m'en traita pas moins bien ; il me présenta une gamelle de maïs, dont il goûta le premier, suivant l'usage de ces contrées, et m'invita à suivre son exemple. Il me donna ensuite un peu de maïs pour mon cheval. Il s'agissait, en s'en allant, de payer ; je n'avais presque plus rien : je m'avisai de lui offrir quelques boutons de cuivre qu'il avait pris plaisir à regarder ; il les reçut avec joie, et se crut bien récompensé des soins qu'il m'avait donnés. Je le remerciai et me renfonçai dans les bois, en me dirigeant toujours vers le royaume de Bambara, sur les frontières duquel j'arrivai le lendemain dans la matinée.

Mais je vois M. de Forbin qui me fait signe d'interrompre mon récit pour ce soir; je m'arrête donc au milieu de ma course, et j'espère que dans notre prochain entretien je terminerai enfin l'histoire de mes aventures. Cette histoire vous paraît peut-être un peu longue; mais patientez, mes enfants : si vous m'écoutez avec attention, ce que vous apprendrez ne vous sera pas inutile.

La petite société étant, selon la coutume, arrivée chez M. de Forbin, on se remit dans le
bosquet, et M. de Vilmard prit la parole pour
terminer le récit si instructif et si amusant de
ses aventures en Afrique.

Mes amis, dit ce bon vieillard, vous allez enfin
me voir arriver au but de mon voyage, qui était
de reconnaître le *Niger,* l'un des plus grands
fleuves de l'Afrique, qui jusque alors n'avait été
connu que de nom par les Européens (1). Je ne

____

(1) Je prie mes jeunes lecteurs de se souvenir que c'est l'extrait du voyage de Mungo-Park que nous mettons dans la bouche de M. de Vilmard. Ce célèbre voyageur avait été chargé,
par une société de riches Anglais réunis pour encourager les

vous traînerai point à ma suite à travers le Bambara; les peines que vous m'avez déjà vu essuyer se renouvelaient chaque jour; la même misère me suivait partout; j'étais toujours prêt à mourir de faim et de soif, et la Providence venait toujours à mon secours : quoique étranger, quoique d'une nature en quelque sorte différente, et surtout quoique n'ayant plus rien à donner, je trouvai cependant le moyen de subvenir aux premiers besoins de l'humanité : la pitié, si naturelle aux hommes, qui ne peuvent l'étouffer entièrement dans leurs cœurs, me fit ouvrir quelques portes et adoucit quelquefois les rigueurs de ma fortune.

Pendant les quinze jours que je mis à traverser le Bambara pour arriver à *Ségo*, la ville ca-

découvertes dans l'intérieur de l'Afrique, de pénétrer dans cette partie du monde aussi loin qu'il lui serait possible, et surtout de reconnaître le Niger, et de marquer sa direction ignorée jusqu'en ses derniers temps. Mungo-Park remplit sa mission avec un courage et une intelligence fort rares. Le désir d'agrandir les relations de la société, et d'honorer sa patrie par de nouvelles découvertes, le fit repartir de nouveau pour l'intérieur de l'Afrique : les maux nombreux qu'il avait soufferts ne le rebutaient point; il voulait visiter de vastes contrées que nous ne faisons encore que soupçonner; mais la fortune a trahi son zèle : les barbares africains ont fait périr cet homme si précieux à l'humanité.

pitale, je fus assez heureux pour avoir la compagnie de plusieurs nègres qui se rendaient au même lieu. Sans cette compagnie, je serais peut-être mort de fatigue sur la route, ou serais devenu la proie des bêtes féroces, fort communes dans ces contrées. Ce fut dans les derniers jours du mois de mai que j'arrivai à Ségo, et que je vis le Niger, qui traverse majestueusement cette ville. Je ne m'étais pas attendu à trouver, dans l'intérieur de l'Afrique, une ville aussi grande et aussi peuplée; je présume qu'elle contient au moins trente mille habitants. Les maisons, construites en argile, sont carrées et ont des toits plats; quelques-unes ont deux étages, et plusieurs sont blanchies. Outre ces bâtiments, on voit dans tous les quartiers des mosquées bâties par les Maures. Les rues, quoique étroites, sont assez larges pour tous les usages nécessaires dans un pays où les voitures à roues sont absolument inconnues. Le roi y fait constamment sa résidence; il emploie un grand nombre d'esclaves à transporter les habitants d'un côté à l'autre du fleuve. Le salaire qu'ils reçoivent de ce travail, quoiqu'il ne soit que de dix kauris par personne, fournit au roi, dans le cours d'une année, un revenu considérable.

En arrivant à ce passage, nous trouvâmes beaucoup de gens qui attendaient le moment de passer. Tous me regardait en silence. On s'embarquait en trois endroits différents, et les passeurs étaient actifs et prompts; mais la foule était telle, que je ne pus sur-le-champ obtenir mon passage; je m'assis sur le rivage pour attendre un moment plus favorable. Deux heures se passèrent. Pendant ce temps, quelques personnes qui m'avaient vu avertirent le roi Mansong (c'était ainsi qu'il se nommait) qu'un homme blanc était entré dans la ville, et venait pour le voir. Il m'envoya sur-le-champ un de ses domestiques, qui me dit que le roi ne pourrait me recevoir jusqu'à ce qu'il sût ce qui m'amenait dans le pays. Je ne devais pas, ajouta-t-il, passer la rivière sans la permission de ce prince. Il me conseilla donc d'aller chercher dans un village éloigné qu'il me montra, un logement pour la nuit, et me dit que le lendemain matin, il m'apporterait de nouvelles instructions sur ce que j'avais à faire. Ce contre-temps était désagréable; mais, n'y voyant point de remède, je partis pour le village, où, à ma grande humiliation, personne ne voulut me recevoir dans sa maison. Chacun me regardait d'un air de crainte et de surprise, et je fus obligé de rester toute la journée, sans manger, assis sous un arbre. La nuit paraissait devoir être encore

plus fâcheuse, car le vent s'était élevé et tout
annonçait une forte pluie. Les bêtes féroces sont
d'ailleurs si communes dans ce canton, que j'aurais été obligé de grimper sur l'arbre, et de dormir sur quelqu'une de ses branches.

Cependant, vers le coucher du soleil, lorsque
je me préparais à passer la nuit de cette manière, et que j'avais lâché mon cheval, afin qu'il
pût paître en liberté, une femme, qui revenait
de travailler aux champs, s'arrêta pour me regarder. Remarquant que j'étais abattu et fatigué,
elle s'informa de ma position que je lui exposai
en peu de mots; sur quoi, avec un air de grande
complaisance, elle prit ma selle et ma bride, et
me dit de la suivre. M'ayant conduit dans sa
hutte, elle alluma une lampe, étendit une nappe
sur le sol, et me dit que je pouvais rester là pour
la nuit. S'apercevant ensuite que j'avais faim, elle
dit qu'elle allait me procurer quelque chose à
manger. Elle sortit en conséquence, et revint
bientôt avec un fort beau poisson qu'elle fit griller
à moitié sur quelques charbons, et me le donna
pour souper. Ayant rempli les devoirs de l'hospitalité envers un étranger malheureux, ma digne
bienfaitrice me montra ma natte, et me dit que
je pouvais m'y reposer sans crainte; ensuite elle
ordonna à ses femmes, qui n'avaient point cessé

de me contempler, de reprendre leur travail, qui consistait à filer du coton. Elles continuèrent à s'en occuper pendant une partie de la nuit. Pour en charmer l'ennui, elles avaient recours à des chansons, dont une fut improvisée sur-le-champ, car j'en étais le sujet. Elle était chantée par une femme seule ; les autres se joignaient à elle par intervalles, en forme de chœur. L'air en était doux et plaintif, et les paroles, traduites littéralement, répondaient à celles-ci : *Les vents rugissaient, et la pluie tombait.... Le pauvre homme blanc, faible et fatigué, vint et s'assit sous notre arbre.... Il n'a point de mère pour lui apporter du lait, point de femme pour moudre son grain....* Le chœur reprenait : *Ayons pitié de l'homme blanc ; il n'a point de mère,* etc.

Ces peuples sont naturellement bons.

Voici un exemple qui témoigne du dévoûment de ces pauvres nègres. On m'a raconté le fait, et j'ai pu voir l'héroïne dans le pays même que je parcourais. Nadir était une négresse, jeune encore, attachée au service de la femme d'un colon français. Sa maîtresse, Madame de Jonsac, avait un petit enfant à la mamelle qu'elle idolâtrait. Nadir idolâtrait sa maîtresse et son enfant.

Madame de Jonsac goûtait souvent le plaisir de la promenade sur le bord de la mer, sur un esquif que Nadir conduisait à la rame. Un jour que la mer était agitée, la petite embarcation, malgré les efforts de Nadir, fut jetée loin de la côte et lancée dans l'immense espace. Il n'y avait pas de secours humain à espérer. On n'en pouvait attendre que du ciel. Madame de Jonsac, tenant son jeune enfant dans ses bras, se lamentait et conjurait la bonne Vierge Marie d'avoir pitié du petit être qu'elle embrassait. Cependant les heures s'écoulaient et la petite barque, allant toujours à la dérive, s'éloignait considérablement de son point de départ.

Deux jours et deux nuits se passèrent ainsi dans des angoisses mortelles; le tourment de la faim venait se joindre à celui de l'inquiétude. Vainement Nadir tâchait de consoler sa bonne maîtresse éplorée. L'enfant pleurait et demandait, par des vagissements plaintifs, la nourriture qui lui manquait depuis si longtemps. Madame de Jonsac était désespérée : ses paroles étaient impuissantes à calmer le pauvre petit, qu'elle couvrait de baisers comme si elle eût voulu le dédommager des aliments qu'on ne pouvait lui donner. Elle était elle-même exténuée, abîmée par l'anxiété terrible qui la dévorait comme une fièvre ardente.

La bonne Nadir, à la vue d'une si grande douleur, était profondément touchée, et, pour calmer le désespoir de sa maîtresse, lui adressait une foule de paroles affectueuses. Je n'ai pas de lait, disait-elle, sans quoi je me ferais un plaisir d'allaiter votre enfant ; mais, maîtresse, donnez-moi un couteau, je vais m'ouvrir la veine et lui faire boire un peu de sang : cela soutiendra le pauvre petit, et.....

Un choc de la barque contre le rivage mit fin aux paroles de Nadir. L'embarcation venait d'aborder sur un îlot, où elle fut recueillie par des nègres pêcheurs, qui, après avoir prodigué aux deux femmes tous les secours qu'ils avaient à leur disposition, les reconduisirent, à leur grande joie, à leur habitation.

Madame de Jonsac pleurait d'attendrissement en racontant les sublimes efforts de Nadir, et, sur-le-champ, elle supplia son mari de donner la liberté à cette pauvre femme qui en était si digne. En conséquence, Nadir fut libre, mais elle demanda en grâce la permission de consacrer le reste de ses jours à ses anciens maîtres, qui avaient été toujours si bons pour elle.

Quand je vis Nadir, Madame de Jonsac avait cessé de vivre ; mais son ancienne esclave était toujours l'objet d'une sorte de culte dans l'habitation.

Je restai le lendemain dans ce village sans recevoir aucun ordre du roi, ce qui me causa beaucoup d'inquiétude; ce ne fut que le second jour qu'un messager vint de sa part me dire qu'il ne pouvait point me recevoir, et que j'étais libre de continuer mon voyage. En même temps, il me remit, au nom de ce prince, un sac de cinq mille kauris, pour m'aider dans mes besoins. Cette somme de petits coquillages pouvait équivaloir à une pièce de vingt-quatre francs de notre monnaie. Jamais secours n'était venu si à propos; je me trouvais dans un dénûment absolu. J'en bénis le Ciel, qui, comme vous le voyez, ne m'a jamais abandonné.

Quelque triste que fût ma position, je voulus essayer d'aller plus loin, en suivant le cours du Niger. Je partis en effet, et je marchai encore pendant cinq jours; mais enfin l'impérieuse nécessité arrêta ma course; je commençais à ne pouvoir plus faire entendre le mandingue, que l'on parlait assez communément sur la route que i'avais parcourue, et je voyais, à mesure que je m'éloignais de Ségo, les Maures devenir plus nombreux et plus insolents. En continuant de m'avancer, j'allais encore me trouver en leur puissance, et je ne devais pas espérer de m'en tirer la seconde fois aussi heureusement que la première. D'ailleurs, mon dénûment me mettait à la merci de tout le monde, et m'exposait à chaque instant à périr de faim. D'un autre côté, les pluies abondantes et dangereuses des tropiques commençaient à tomber, et les chemins allaient devenir impraticables. Ainsi tout se réunissait pour me forcer à revenir sur mes pas. Pour comble de malheur, j'appris bientôt que le roi Mansong, d'après le rapport de quelques Maures et de quelques slatées, me regardait comme un espion qui parcourait ses états dans l'intention de lui nuire, et qu'il avait envoyé sur mes traces des gens avec ordre de m'arrêter. Je sentis aussitôt combien il était prudent pour moi de ne point repasser par Ségo ; je fis donc un détour pour me retrouver sur les bords du Niger, que je voulais alors remonter aussi loin qu'il me serait possible, mais en me dirigeant toujours vers l'ouest ; c'est-à-dire vers l'embouchure de la Gambie, d'où j'étais parti. Cette nouvelle partie de mon voyage présente autant d'incidents et de malheurs que la première ; mais ce serait fatiguer inutilement votre attention, que de vous la décrire en détail. Chaque jour qui s'écoulait diminuait de mes ressources ; les kauris que j'avais reçus du roi Mansong se dépensaient à mesure que j'avançais. Tous les soirs j'étais obligé d'attendre mon repas et l'hospitalité du premier nègre assez généreux pour m'offrir l'un et l'autre. Je m'adressais ordinairement au chef de l'endroit, et c'était presque toujours lui qui m'accueillait ou me repoussait. Quand il m'avait fermé la porte de sa maison, il était assez rare qu'un autre habitant m'ouvrît la sienne. Il m'arriva plus d'une fois de passer la journée sans prendre aucune nourriture ; plus d'une fois aussi je fus obligé de coucher en plein air, au risque de devenir la proie des bêtes féroces. N'accusez pas cependant ces peuples d'être plus inhumains que nous, mes enfants. Imaginez un instant un pauvre nègre, couvert de guenilles, traversant nos pays policés, et demandant chaque soir devant quelque demeure la nourriture et le coucher pour lui et son cheval ; cet infortuné trouvera souvent des personnes sensibles et bienfaisantes qui s'empresseront de le recueillir chez elles ; mais il en trouvera un plus grand nombre encore qui le repousseront avec dureté. L'intérêt est le même chez tous les hommes ; et l'Européen instruit n'a pas, sous ce rapport, le droit de se mettre beaucoup au-dessus de l'Africain ignorant.

Ce fut le 1er août que je commençai à revenir sur mes pas ; la pluie commença à tomber quelques

jours après, et vint ajouter aux maux que j'éprouvais déjà. Jusqu'au 20 du même mois je marchai
sans discontinuer, ne m'arrêtant que pour prendre
le repos de la nuit. Mon pauvre cheval était d'une
maigreur à effrayer. La plupart du temps je me
contentais de le pousser devant moi, craignant
qu'il ne fléchît sous mon poids, et me faisant un
devoir d'alléger autant que je pouvais ce compagnon de mes infortunes. Le 21 août fut un jour
heureux. Je vis interrompre un moment mon
long jeûne et mes fatigues. J'étais arrivé dans la
soirée à Maraboù, ville assez grande et célèbre
dans ces contrées par son marché de sel. Je fus
conduit chez un riche marchand ; il m'accueillit
fort bien. Il était mahométan, et cependant il se
réjouit quand il sut que j'étais chrétien ; je n'en
devinais guère la raison, lorsque je le vis venir tenant en main sa tablette à écrire. Il me dit qu'il
allait m'apprêter une soupe de riz si je voulais
lui écrire un *saphi* pour le protéger contre les
méchants. Un saphi, comme vous le voyez, est
un préservatif contre les maux, ou un charme
qui attire le bien. Je fus d'abord tenté de refuser,
et même de détruire cette superstition dans l'esprit de mon hôte ; mais bientôt je vis que j'y
perdrais mes peines : cette superstition n'était
pas la sienne seulement, c'est celle de tous les

nègres; et l'on n'éclaire pas les ignorants dans une seule conversation. Je pris donc sa tablette et je la remplis d'écriture du haut en bas sur les deux côtés. Mon hôte, pour être sûr d'avoir à son usage toute la force du charme, lava l'écriture de dessus la tablette avec un peu d'eau qu'il recueillit soigneusement dans une calebasse; et, ayant dit dessus quelques prières, il avala d'un trait ce merveilleux breuvage; après quoi, de peur qu'il ne lui en échappât un seul mot, il lécha la tablette jusqu'à ce qu'elle fût absolument ment sèche.

Un écrivain de saphis était un personnage trop important pour rester longtemps ignoré. Cette grande nouvelle fut portée au *douty,* le chef du lieu, qui m'envoya son fils avec une demi-feuille de papier, en me priant de lui écrire un saphi pour se procurer des richesses. Lui-même m'apporta en présent un peu de farine et de lait. Lorsque j'eus fini le saphi et que je le lui eusse lu à intelligible voix, il parut fort content de son marché, et promit de m'apporter le matin du lait pour mon déjeûner. Mon souper de riz et de lait achevé, je me couchai sur une peau de bœuf et je dormis fort tranquillement jusqu'au lendemain. C'était depuis longtemps le premier bon repas que j'eusse fait et la première bonne nuit que j'eusse passée. Dès le matin, ma réputation m'amena bon nombre de pratiques et des présents à l'avenant. Voyant l'occasion belle, je la saisis pour jouir d'un jour de repos ; j'avais de quoi me nourrir amplement et de quoi restaurer un peu mon pauvre cheval. Cette aubaine lui venait aussi bien qu'à moi. Il fallut pourtant quitter ce lieu de délices : je me remis en route le 22 août, emportant avec moi un petit restant de provisions. J'avais la certitude de ne pas mourir de faim pendant deux jours encore. Ce peu de bonheur ranimait mon courage et tranquillisait mon esprit.

Quatre à cinq jours après, la fortune me fit acheter bien cher cet instant de répit qu'elle m'avait donné. Je tombai entre les mains de quelques brigands qui m'ordonnèrent de les suivre au milieu d'un bois. Là ils se mirent en devoir de me dépouiller. Ils commencèrent par m'arracher mon chapeau de dessus la tête ; l'un d'eux, tirant son couteau, coupa un bouton de métal qui restait à ma veste, et le mit dans sa poche. Comme la résistance n'eût fait qu'accroître le danger que je courais, je les laissai tranquillement fouiller dans mes poches, et examiner toutes les parties de mon vêtement, ce qu'ils firent avec la plus scrupuleuse exactitude ; mais, pour ne rien négliger, ils jugèrent à propos de me mettre entièrement nu. Tandis qu'ils consi-déraient le fruit de leur pillage, je les suppliai avec instance de me rendre ma boussole de poche, si nécessaire pour me diriger dans ma longue route. Elle était par terre, et je m'en appro-chai pour la leur indiquer; l'un de ces bandits, croyant que je voulais la prendre, arma son mousquet et jura qu'il allait m'étendre sur la place, si j'osais mettre la main dessus. Quelques-uns s'en allèrent ensuite avec mon cheval; les autres restèrent, délibérant s'ils me laisseraient entièrement nu, ou s'ils me permettraient de prendre quelque chose pour me mettre à l'abri du soleil. Enfin l'humanité l'emporta; ils me ren-dirent la plus mauvaise des deux chemises qui me restaient et une grande culotte; et, pendant qu'ils s'éloignaient, l'un d'eux me rejeta mon chapeau.

Lorsqu'ils furent partis, je m'assis, regardant quelque temps autour de moi avec terreur et confusion. De quelque côté que je me tournasse, je n'apercevais que dangers et difficultés. Je me voyais dans un immense désert, au milieu de la saison pluvieuse, entouré de bêtes féroces et d'hommes non moins à craindre; j'étais à un éloignement considérable des établissements européens. Toutes ces circonstances affligeantes se pressaient à la fois dans mon imagination; et, je vous l'avoue, mes amis, le courage commença à me manquer encore une fois. Mon sort me paraissait décidé, et j'étais convaincu que je n'avais plus qu'à m'étendre par terre et à me laisser périr.

Cependant la religion vint à mon secours; sa divine influence me soutint. Je réfléchis qu'aucune prudence, aucune prévoyance humaine n'avait pu détourner le malheur qui venait de fondre sur moi. Etranger, errant dans une contrée inconnue, j'étais sous l'œil vigilant de l'être puissant qui a bien voulu se dire l'ami de l'étranger.

Croiriez-vous, mes enfants, que, dans ce moment terrible, mon œil et mon attention furent attirés et arrêtés par la beauté singulière d'une petite mousse en fructification? Je vous rappelle ce fait qui m'a frappé, pour vous faire voir de combien de petites circonstances notre esprit peut quelquefois tirer de la consolation. La plante entière n'était guère plus grande que le bout de mon doigt, et cependant je ne pus m'empêcher d'admirer ses racines, ses feuilles, son fruit. Comment! me dis-je à moi-même, ce Dieu qui, dans un coin écarté du monde, a planté, arrosé et fait fructifier une chose de si petite importance, pourrait-il voir sans intérêt la situation et les souffrances d'un être qu'il a formé à son image?..... Ces idées éloignèrent le désespoir de mon cœur. Je me levai; et, méprisant la fatigue et la faim, je marchai en avant, persuadé que quelques secours n'étaient pas éloignés. Je ne me trompais pas; peu de temps après j'arrivai à un petit village, où je pus me reposer quelques moments; le soir j'arrivai à Sibidoulou, ville frontière du royaume de Mandingue. A peine y fus-je entré, que tout le peuple se rassembla autour de moi, et me suivit jusqu'à la maison du mansa ou chef de la ville. Je racontai à ce chef le vol que l'on m'avait fait de mon cheval et de mes habits; et, pendant tout le temps que je parlai, il ne quitta point sa pipe; mais je n'eus pas plus tôt fini, que, l'ôtant de sa bouche, et agitant avec un air d'indignation la manche de son vêtement, il me dit : *Asseyez-vous, tout vous sera rendu, je l'ai juré.* Puis, se tournant vers un serviteur : *Donnez,* dit-il, *à l'homme blanc de l'eau à boire; au point du jour vous irez sur les montagnes, et vous informerez le douty de Bammakou* (c'était la ville par où j'avais passé) *qu'un pauvre homme blanc, l'étranger du roi de Bambara, a été volé par les gens du roi de Fouladou.*

Je m'attendais peu, dans ma misérable position, à trouver un homme qui prît tant de part à mes malheurs. Je remerciai de grand cœur le mansa de sa bonté, et j'acceptai l'invitation qu'il me fit de rester avec lui jusqu'au retour du messager. On me conduisit dans une hutte, où l'on m'envoya quelques aliments. Deux jours s'écoulèrent sans que je reçusse aucune nouvelle de mon cheval et de mes habits. Comme il y avait alors dans cette partie du pays, une disette qui ressemblait assez à une famine, je ne voulais pas abuser de la générosité du mansa; je lui demandai la permission de me rendre à un village voisin. Me voyant empressé de partir, il me dit que je pouvais aller jusqu'à une ville appelée *Wonda,* où il espérait que je passerais quelques jours, jusqu'à ce que j'entendisse parler des objets qui m'avaient été volés. Je suivis son conseil; je m'arrêtai à Wonda. Le mansa, qui était un mahométan, remplissait les deux fonctions de premier magistrat de la ville et de maître d'école pour les enfants. Il tenait son école dans un hangar ouvert, où l'on m'invita à prendre ma demeure jusqu'à ce que j'eusse reçu des nouvelles de Sibidoulou. Mon cheval ne devait plus m'être d'une grande utilité, mais le peu de vêtements qu'on m'avait pris me devenaient essentiels. Ce qu'on m'avait laissé ne pouvait ni me défendre du soleil pendant le jour, ni me protéger pendant la nuit contre la rosée et les moustiques. Ma chemise était usée au point de ressembler à de la mousseline. De plus, elle était si sale, que je saisis avec plaisir l'occasion de la laver; après quoi je l'étendis sur un buisson, et je m'assis nu à l'ombre, en attendant qu'elle fût sèche.

Depuis le commencement de la saison pluvieuse ma santé avait toujours été en déclinant. J'avais souvent senti de légers accès de fièvre. Lorsque je fus assis, la fièvre revint avec violence. J'en fus d'autant plus effrayé, que je n'avais à ma disposition aucun remède pour en arrêter les progrès; et que je ne pouvais me flatter d'obtenir les soins ni les secours qu'exigeait ma position. Je restai à Wonda neuf jours, pendant chacun desquels j'éprouvai régulièrement le retour de la fièvre. N'ignorant pas combien je devais être à charge à mon hôte, dans un moment de si grande disette, je faisais tout mon possible pour lui cacher mon état, et quelquefois je restais toute la journée hors de sa vue dans un champ de maïs. Cependant je reconnus qu'il s'était aperçu de ma situation; et un matin que je faisais semblant de dormir au coin du feu, il fit observer à sa femme que j'allais devenir pour eux un hôte fort incommode ; car ils seraient obligés, dans l'état de maladie où j'étais, de me garder jusqu'à ce que je fusse guéri ou mort.

La rareté des vivres se faisait en effet sentir cruellement à ce pauvre peuple, ainsi que me le prouvait une circonstance que je vais vous rapporter. Tous les soirs, depuis mon arrivée, je voyais cinq à six femmes venir à la maison du mansa, et recevoir chacune une certaine quantité de grain. Sachant combien cet article était précieux dans les conjectures, je demandai au mansa s'il nourrissait ces femmes par pure bonté, ou s'il espérait qu'elles le rembourseraient lorsque la moisson serait faite. *Voyez cet enfant,* me dit-il en me montrant un beau petit garçon de cinq ans, *sa mère me l'a vendu à la charge de le nourrir pendant quarante jours, elle, et le reste de sa famille. J'en ai acheté un autre de la même manière.* Bon Dieu ! m'écriai-je, combien ne doit pas souffrir une mère avant de se décider à vendre son fils ! Je ne pouvais éloigner de mon esprit ce que je venais d'entendre ; et le soir, lorsque les femmes vinrent chercher leur pitance accoutumée, je priai l'enfant de me montrer sa mère, ce qu'il fit. Elle était fort maigre ; mais rien dans ses traits n'annonçait la barbarie ou l'insensibilité. Lorsqu'elle eut reçu son blé, elle vint parler à son fils avec autant de gaîté que s'il eût encore été chez elle.

Enfin deux personnes arrivèrent de Sibidoulou, et m'amenèrent mon cheval avec mes habits. Le pauvre animal était devenu un vrai squelette; il m'était impossible, par le mauvais temps qu'il faisait, de m'en servir plus longtemps. Je désirais de le laisser entre les mains de quelqu'un qui en prît soin, et j'en fis don à mon hôte, en le priant d'envoyer au mansa de Sibidoulou ma selle et ma bride, seul présent par lequel je pusse lui témoigner ma reconnaissance pour toute la peine qu'il avait prise à l'effet de me faire recouvrer mon cheval et mes habits. Je pensai alors que, malgré ma maladie, il était temps de prendre congé de mon généreux hôte. Je partis le 8 septembre au matin. Au moment de mon départ, mon hôte me donna, en témoignage de souvenir, sa lance et un sac de cuir pour contenir mes habits.

Je marchai, ou plutôt je me traînai avec peine pendant huit jours, m'arrêtant partout où l'extrême fatigue m'ôtait toutes mes forces; et il est à croire que j'aurais enfin terminé ma misérable existence dans ce voyage, si le ciel ne m'eût envoyé un secours sur lequel j'étais loin de compter. Ce fut à Kamalia, ville assez peu considérable, que je le trouvai, ce secours qui devait me sauver la vie. J'y arrivai le 17. On me conduisit chez un nègre mahométan qui faisait le commerce des esclaves. Il en rassemblait en ce moment une troupe qu'il se proposait d'aller vendre aux Européens, sur les bords de la Gambie, aussitôt que les pluies seraient passées. Il me reçut avec humanité, et parut touché de la situation où je me trouvais. Lorsque je lui eus dit d'où je venais et où je me rendais, il m'apprit qu'il était impossible de traverser de plusieurs mois le désert de Jallonka, attendu, disait-il, qu'il n'y avait pas moins de huit rivières rapides à traverser dans le chemin. Il se proposait de partir lui-même pour la Gambie aussitôt que les rivières seraient guéables et les herbes brûlées. Il me conseilla en conséquence de rester avec lui, et de l'accompagner dans ce voyage. Il observa que, lorsqu'une caravane de naturels ne pouvait pas voyager dans le pays, il était imprudent à un blanc seul de le tenter. Je convins qu'il y avait de la folie dans cette entreprise ; mais je n'avais pas, lui dis-je, d'autre alternative. Il fallait, ou que je mendiasse en allant d'un endroit à l'autre, ou que je mourusse de faim. Karfa (c'était le nom de mon hôte), me regardant alors avec beaucoup d'attention, me demanda si je pouvais manger les aliments ordinaires du pays : il n'avait jamais vu d'homme blanc. Il ajouta que, si je voulais rester avec lui jusqu'à ce que la saison des pluies fût passée, il me fournirait des vivres en abondance et une hutte pour coucher ; que, lorsqu'il m'aurait conduit sain et sauf à la Gambie, je lui donnerais pour salaire ce qu'il me plairait. Je lui demandai si la valeur d'un esclave lui suffirait ; il me répondit que oui, et sur-le-champ il ordonna qu'on balayât une hutte pour me loger. Je sortis ainsi, par la bonté de cet estimable nègre, d'une situation vraiment déplorable.

Je fus aussitôt installé dans le logement qui m'était destiné ; on y avait mis une natte pour me coucher, et une jarre pour tenir de l'eau, avec une petite calebasse pour en boire. Ce peu de meubles suffisait aux premiers besoins de la vie, et j'étais dans un dénuement si complet depuis longtemps, que je me crus riche en entrant dans ma hutte ; je m'y serais même trouvé heureux si la fièvre ne m'eût entièremeut abattu. Karfa, qui ne manqua de me venir voir chaque jour, me consola, en me disant que cette fièvre opiniâtre se passerait avec la saison des pluies. En effet, elle s'affaiblit à mesure que les pluies devinrent moins fréquentes ; mais elle avait tel-

lement miné mes forces que je fus encore longtemps sans pouvoir me promener autour de ma
cabane : ce n'était qu'avec difficulté que je portais ma natte sous un tamarin voisin, pour jouir
de l'odeur des champs couverts de blés, et ré-
créer mes yeux par l'aspect de la campagne;
mais, par bonheur, j'eus tout le loisir de me ré-
tablir parfaitement. Les différents slatées qui devaient faire partie de la caravane mirent tant de
temps à rassembler les esclaves et à faire les préparatifs, que le jour du départ ne put être défi-
nitivement marqué que pour le 20 avril; ainsi,
je restai sept mois pleins à Kamalia, vivant absolument à la manière des nègres. Je m'y étais facilement habitué, mais je n'avais pu de même
m'accoutumer aux inquiétudes que chaque jour
m'apportait. En voyant les lenteurs et l'incertitude que les slatées qui devaient accompagner
Karfa, apportaient dans leurs préparatifs de voyage,
je craignais toujours qu'il n'eût point lieu; en
voyant surtout la mauvaise volonté que plusieurs
d'entr'eux me montraient, et sachant les discours
qu'ils tenaient sur mon compte devant mon protecteur, je devais trembler à chaque instant que
le seul homme qui prenait intérêt à moi ne m'a-
bandonnât à toute ma misère; et Dieu sait ce
qu'alors je serais devenu! Mes craintes en ser-

virent qu'à me tourmenter, elles ne se réalisèrent
point : Karfa me témoigna toujours la même
bonté, et ne fit que rire de la haine ridicule et
sans motif que me portaient quelques nègres mahométans.

Enfin arriva le jour tant désiré. Les slatées
ôtèrent les plus gros fers à leurs esclaves, et leur
en mirent de plus légers, qui ne pouvaient point
les empêcher de marcher; ils s'assemblèrent avec
ces malheureux devant la porte de la maison de
Karfa, où tous les paquets étaient préparés. La
caravane, à son départ de Kamalia, consistait en
soixante-douze personnes, dont la moitié était
composée de gens libres et d'esclaves domestiques; le restant l'était d'esclaves enchaînés qui
devaient être vendus. Parmi les hommes libres
étaient six jillakées (chanteurs), dont les talents
étaient souvent exercés, soit pour nous distraire,
soit pour nous procurer un bon accueil de la part
des étrangers. Lorsque nous partîmes de Kamalia,
nous fûmes suivis, pendant près d'une lieue, par
presque tous les habitants de la ville, dont quelques-uns pleuraient et serraient la main à leurs
parents qui s'éloignaient. Lorsque nous fûmes
parvenus à une élévation d'où nous voyions Kamalia, toutes les personnes appartenant à la caravane reçurent l'ordre de s'asseoir d'un côté,

ayant le visage tourné vers l'ouest ; les gens de
la ville furent priés de s'asseoir de l'autre côté,
le visage tourné vers Kamalia. Alors deux des
principaux slatées, s'étant placés entre les deux
groupes, prononcèrent d'un ton solennel une
longue prière ; après quoi ils marchèrent trois
fois autour de la caravane, en faisant des marques sur la terre avec leurs lances, et marmot-
tant quelques paroles par manière de charme.
Lorsque cette cérémonie fut terminée, toutes les
personnes qui composaient la caravane se levèrent brusquement, et, sans prendre autrement
congé de leurs amis, se mirent en marche.

La première journée ne présenta rien de remarquable. Le lendemain, sur le soir, nous fûmes
en vue de Kinytakouro, ville considérable, située
au milieu d'une plaine bien cultivée. Comme c'é-
tait la première ville que nous trouvions hors des
frontières du Mandingue, on observa plus d'éti-
quette qu'à l'ordinaire ; chacun eut ordre de garder sa position, et nous marchâmes vers la ville,
formant une sorte de procession, à peu près dans
l'ordre qui suit : en avant étaient les chanteurs,
suivis par les autres personnes de condition libre ;
venaient ensuite les esclaves, attachés, à la manière ordinaire, par une corde passée autour de
leur cou ; et il y avait entre chaque groupe de

quatre un homme avec une lance ; après eux venaient les esclaves domestiques, et, en dernier lieu, les femmes libres, épouses des slatées, et autres. Nous avançâmes de cette manière jusqu'à cent toises de la porte. Les chanteurs commencèrent alors une chanson à haute voix, très propre à flatter la vanité des habitants, et dans laquelle on vantait leur hospitalité connue pour les étrangers, et particulièrement leur amitié pour les Mandingues. En entrant dans la ville, nous nous rendîmes au bantang, où le peuple se réunit autour de nous pour écouter notre histoire ; elle fut publiquement racontée par deux chanteurs ; ils rapportèrent toutes les petites circonstances qui avaient rapport à la caravane, commençant par les événements arrivés le même jour, et remontant ainsi la série des faits jusqu'à Kamalia. Lorsqu'ils eurent fini leur récit, le chef de la ville leur fit un petit présent ; et tous les gens de la troupe, tant esclaves qu'hommes libres, furent invités, soit par une personne, soit par l'autre, et pourvus, pour la nuit, de logement et de subsistances.

Nous repartîmes le lendemain, dès le matin, et le soir même nous nous arrêtâmes dans un petit village : c'était le dernier que nous devions voir en entrant dans le désert de Jallonka. Ce désert ne ressemblait point à ceux que j'avais vus dans le royaume de Ludamar, sur les lisières du Sahara : ceux-là ne présentaient que de vastes plaines de sables arides ; celui-ci était couvert d'arbres et de plantes ; mais l'on n'y trouvait aucune habitation. Nous employâmes cinq grandes journées pour le traverser.

Dès la première, une femme esclave, qui paraissait déjà extrêmement fatiguée, commença à se plaindre et refusa de manger. Pour la soulager un peu, on lui ôta sa charge, que l'on donna à une autre esclave, et elle eut l'ordre de marcher en avant de la troupe. Vers les onze heures, comme nous nous reposions près d'un petit ruisseau, quelques personnes découvrirent une ruche d'abeilles dans un creux d'arbre : et elles allaient procéder à en prendre le miel, lorsque le plus grand essaim que j'eus jamais vu en sortit ; et, commençant à attaquer la troupe, nous fit fuir de tous côtés. La peur me prit le premier, et je fus, je crois, le seul qui s'échappa sans être piqué. Lorsque nos ennemis jugèrent à propos de cesser de nous poursuivre, et pendant que chacun cherchait à arracher les aiguillons qu'il avait reçus, on découvrit que la pauvre femme dont je viens de vous parler, et qui s'appelait Néalée, ne s'était pas levée de sa place. Quand ce danger fut passé, on alla la chercher : on la trouva couchée près d'un ruisseau ; elle était fort exténuée, et s'était traînée près du courant, dans l'espoir de se défaire des abeilles en jetant de l'eau sur son corps : mais cette mesure ne produisit pas grand effet ; elle fut piquée d'une manière effroyable.

Lorsque les slatées lui eurent ôté autant d'aiguillons qu'ils purent, on la lava avec de l'eau, puis on la frotta avec des feuilles pilées. Mais la malheureuse femme refusa obstinément d'aller plus loin, déclarant qu'elle mourrait plutôt que de faire un pas de plus. Les prières et les menaces étaient inutiles ; on eut recours au fouet. Après en avoir patiemment supporté quelques coups, elle se leva brusquement et marcha avec assez de vigueur pendant quatre ou cinq heures de suite. Elle tâcha alors de quitter la troupe ; mais elle était si faible qu'elle tomba sur l'herbe. Quoiqu'elle fût hors d'état de se lever, le fouet fut encore mis en jeu, mais inutilement ; sur quoi Karfa pria deux slatées de la placer sur l'âne qui portait nos provisions sèches ; mais elle ne pouvait se soutenir, et l'âne étant fort rétif, il fut impossible de la conduire de cette manière. Cependant les slatées ne voulaient pas l'abandonner, et, la marche du jour étant à peu près finie, ils firent, avec des bambous, une espèce de litière, sur laquelle elle fut placée et assujettie avec des bandes d'écorce : cette litière était portée par deux esclaves. On marcha ainsi jusqu'à la nuit, que nous arrivâmes près d'un ruisseau, où nous nous arrêtâmes pour passer la nuit. Comme nous n'avions mangé depuis la veille qu'une poignée de farine, et que nous avions marché toute la journée par un soleil brûlant, plusieurs des esclaves qui portaient des fardeaux sur leur tête étaient très fatigués. Quelques-uns faisaient craquer leurs doigts, ce qui, parmi les nègres, est un signe certain de désespoir. Sur-le-champ les slatées les mirent tous aux fers. Ceux qui avaient donné le plus de marques de découragement furent mis à part, et on leur attacha les mains. Le matin, on trouva qu'ils avaient repris courage; c'était l'effet du repos et de la fraîcheur de la nuit.

La pauvre Néalée seule n'avait point participé à ce bienfait du repos; ses membres étaient devenus si raides, et elle y éprouvait de si vives douleurs, qu'il lui fut impossible de marcher ni de se tenir debout. On la mit donc, comme un cadavre, sur le dos de l'âne, et les slatées tâchèrent de l'assujettir dans cette position, en lui attachant les mains sous le cou de l'animal et les pieds sous son ventre avec de longues bandes d'écorce. Mais l'âne était si indocile qu'aucune espèce de traitement ne put l'engager à marcher avec sa charge. Néalée, ne faisant aucun effort pour se soutenir, fut bientôt renversée, et eut une jambe très froissée. Tous les moyens ayant été inutilement employés pour la mener plus loin, un cri général s'éleva dans toute la troupe : *Coupez-lui la gorge! coupez-lui la gorge!* Ce cri, qui me fit horreur, m'engagea à marcher plus vîte, pour n'être pas témoin de ce massacre. J'avais à peine fait une demi-lieue, lorsqu'un des esclaves domestiques de Karfa me rejoignit, tenant au bout de son arc l'habit de la pauvre Néalée. Elle est perdue! me cria-t-il. Je lui demandai si les slatées lui avaient donné ce vêtement en récompense de ce qu'il lui avait coupé la gorge. Il m'apprit que Karfa n'avait pas voulu consentir à cette atrocité, qu'on s'était contenté de l'abandonner dans le désert. L'infortunée y aura sûrement bientôt péri et aura été dévorée par les bêtes féroces.

J'ai une véritable douleur, mes enfants, en vous rappelant cet événement déplorable; je ne voudrais point effrayer par de pareilles images votre jeune imagination; mais je veux vous instruire, et je ne le puis qu'en vous faisant connaître les choses telles qu'elles sont. Le trait que je viens de vous raconter sert à vous faire connaître la manière dont sont traités les esclaves au milieu même des hommes noirs, leurs frères. Je fus quelques jours après témoin d'un autre trait qui n'a rien de l'atrocité de celui-ci, mais qui achèvera de vous peindre le sort du malheureux nègre privé de la liberté. Nous étions dans une ville et nous nous rassemblions pour notre départ. Un des chanteurs avait un esclave qui ne pouvait presque plus marcher; il chercha à l'échanger contre quelque autre d'un des habitants de la ville où nous nous trouvions, il en fit la proposition au propriétaire d'une jeune fille d'environ seize ans, née dans le pays; le propriétaire y adhéra. Cette pauvre créature était venue avec ses compagnons sur la place pour nous voir partir. La gaîté de son âge brillait tout entière sur sa figure; elle ignorait le malheur qui la menaçait. Tout à coup son maître la prit par la main et la remit au chanteur. Jamais un visage plus serein ne passa subitement à l'expression du plus profond désespoir. La terreur qu'elle montra lorsqu'on lui mit son fardeau sur la tête, et qu'on lui passa la corde au cou, ainsi que la douleur avec laquelle elle dit adieu à ses compagnes, me déchirèrent le cœur et ne purent laisser insensibles que les cœurs des barbares accoutumés à un pareil spectacle. Pauvre infortunée! dis-je en moi-même, tu ne t'appartiens pas : la nature t'avait créée libre; mais l'homme, qui l'outrage, t'a chargée de fers, et tu ne peux vivre que de la manière qu'il plaît à ce tyran. Je regardai le Ciel avec un profond soupir, et je le remerciai du sort qu'il m'avait accordé et de la place où il m'avait mis.

Ces scènes, qui se renouvelèrent plusieurs fois le long de la route, ne l'égayèrent point pour moi. Je sentais avec mes peines celles des malheureux que je voyais conduire au loin pour être vendus à des étrangers, comme des bêtes privées de raison. Je ne vous affligerai point, mes amis, par le récit de ces détails; j'abrégerai même ma longue histoire, et je vous dirai qu'après avoir marché péniblement pendant cinquante jours de suite depuis Kamalia, j'arrivai enfin sur les bords de la Gambie. Il y avait alors dix-huit mois que j'étais parti des bords de ce fleuve pour mon voyage dans l'intérieur de l'Afrique. Pendant ce long espace de temps je n'avais pas vu une figure d'Européen; je n'avais pas entendu une seule fois les sons enchanteurs de ma langue naturelle, et je m'étais presque toujours trouvé exposé aux plus grands dangers. En apercevant Jokakonda, où sont plusieurs factoreries européennes, l'idée seule que j'allais me revoir avec des hommes de ma couleur, de ma religion, de ma patrie, cette idée fit sur moi une si vive impression, que les larmes coulèrent de mes yeux en abondance, et que je tombai à genoux pour rendre grâce à la Providence, qui ne m'avait point abandonné un seul instant dans les nombreux périls qui m'avaient menacé. Après cela j'avançai avec joie et avec autant de légèreté que si les fatigues et les misères n'eussent point depuis longtemps ruiné mes forces. Les chanteurs de la caravane, animés d'autres sentiments que moi, entonnèrent une chanson, dans laquelle ils témoignèrent aussi leur joie de ce qu'ils étaient arrivés sains et saufs dans le pays de l'ouest, ou, comme ils disaient, dans la terre du soleil couchant.

Les premiers européens de ma connaissance que je rencontrai ne voulurent point d'abord me reconnaître, tant j'étais différent de ce qu'ils m'avaient vu. Ils me croyaient mort; on leur avait dit que j'avais été assassiné par les Maures du Ludamar. La nouvelle de ma résurrection et de mon retour se répandit aussitôt dans les différentes factoteries; et mon ami, M. Laidley, n'en eut pas plus tôt reçu le premier vent, qu'il accourut au-devant de moi. Nos embrassements furent pleins de vivacité, et ce ne fut que de ce moment que je me crus enfin délivré de toutes mes peines. Il m'emmena aussitôt chez lui, où je m'empressai de quitter mes guenilles pour reprendre l'habit européen et débarrasser mon menton de sa fatigante parure. Karfa, qui m'avait accompagné, me vit avec grand plaisir dans mes nouveaux vêtements; mais il regretta beaucoup que j'eusse coupé ma barbe, dont la perte, disait-il, m'avait ôté la figure d'un homme pour me donner celle d'un enfant. Je songeai aussitôt à m'acquitter envers ce bon et généreux nègre, qui m'avait sauvé d'une mort affreuse et certaine. J'avais laissé, avant mon départ, des fonds entre les mains de M. Laidley. Ma convention avec Karfa était, comme je l'ai dit, de lui donner la valeur d'un esclave à son choix, objet pour lequel je lui avais remis, avant mon départ de Kamalia, mon billet sur M. Laidley, ne voulant pas, si je fusse venu à mourir en route, que mon bienfaiteur perdît ce que je lui devais. Mais ce digne homme avait continué de me montrer tant de bonté, que je crus ne pouvoir m'acquitter que bien faiblement en lui disant qu'il allait recevoir le double de la somme que je lui avais promise. Karfa fut étonné de cet acte inattendu de ma générosité, et il répéta plusieurs fois :

« Mon voyage a été vraiment heureux. » Pour ajouter encore à sa satisfaction, M. Laidley lui promit de s'intéresser à la vente de ses esclaves, et de lui en faire obtenir un prix avantageux.

Ce bon nègre n'était jamais venu aux établissements européens ; et quand il remarquait les produits de nos manufactures et notre supériorité dans tous les arts qui embellissent la vie civile, il semblait rêveur, et s'écriait avec un soupir involontaire : Les hommes noirs ne sont rien ! Il me demanda plusieurs fois, avec un grand sérieux, ce qui avait pu m'engager, moi qui n'achetais point d'esclaves, à parcourir un aussi misérable pays que l'Afrique. Il voulait dire par là qu'après tout ce que j'avais vu dans ma patrie, rien dans la sienne ne devait me paraître digne d'attention.

Comme il n'y avait point, à notre arrivée, de vaisseau qui fût venu pour acheter des esclaves, et que les comptoirs en étaient surchargés, Karfa ne pouvait se défaire des siens dans l'instant. Pour qu'ils lui coûtassent moins pendant le temps qu'il serait obligé d'attendre, il les mena dans un village à une journée de Jokakonda, et loua une pièce de terre qu'il leur fit cultiver, afin qu'ils y semassent les grains nécessaires à leur subsistance. Quoique je fusse parvenu au terme de mes fatigues, et que je me visse alors en pleine sécurité, je ne pus sans émotion me séparer de mes malheureux compagnons de voyage, qu'attendaient dans une terre étrangère la misère et la captivité. Pendant une marche de cinquante jours, exposés à l'action dévorante des feux du tropique, ces pauvres esclaves, accablés de bien plus de maux que moi, avaient eu pitié de mon sort. Souvent ils venaient d'eux-mêmes m'apporter de l'eau pour étancher ma soif; le soir ils rassemblaient des branches et des feuilles pour me préparer un lit, lorsque nous couchions en plein air. Nous nous quittâmes avec des témoignages réciproques de regret et de bienveillance; je leur fis à chacun quelques petits présents qui adoucirent un instant la dureté de leur sort. Enfin, je fis mes adieux au bon Karfa, et deux larmes coulèrent de ses yeux; c'était la plus grande marque d'amitié qu'il pût me donner.

Je restai quelque temps à Jokakonda, pour prendre un repos nécessaire après les longues fatigues que j'avais essuyées, et attendre l'occasion d'un vaisseau qui retournât en Europe. Cette occasion se présenta bientôt; un bâtiment anglais vint mouiller à l'embouchure de la Gambie. Je pris congé de mes amis de l'Afrique, je redescendis la rivière, et arrêtai mon passage sur le vaisseau, qui ne tarda pas à mettre à la voile pour l'Angleterre. La traversée fut heureuse ; nous débarquâmes à Plymouth, où je me rembarquai aussitôt pour repasser en France. Là je respirai, et rendis grâce au ciel, qui m'avait si visiblement protégé.

Voilà, mes amis, le récit de mes aventures pendant mon voyage en Afrique. Si vous m'avez écouté avec soin, comme je n'en doute pas, vous devez maintenant avoir une idée assez claire du climat et des peuples noirs de cette partie du monde. Ce récit, qui a la plus exacte vérité pour base, a dû vous intéresser : il vous a fait connaître des choses absolument différentes de celles que vous voyez chaque jour, des pays où il ne fait jamais froid, et où les hommes marchent presque nus, et ont la peau aussi noire que l'intérieur de nos cheminées. Il me semble que je ne pouvais vous présenter rien qui vous parût plus extraordinaire. Comme ce sont de ces choses qu'il faut absolument savoir, votre instruction doit en profiter autant que votre curiosité en a été amusée.

Les enfants remercièrent beaucoup M. de Vilmard de la complaisance qu'il avait eue de leur raconter son voyage ; et, pour lui prouver qu'ils l'avaient écouté avec attention, ils lui firent, chacun à son tour, des questions sur ce qu'ils n'avaient pas compris et sur ce qu'ils désiraient connaître plus amplement. Le vieillard y répondit avec bonté, et la soirée s'acheva dans cette utile et agréable conversation.

LES NÈGRES GÉNÉREUX.

ANECDOTE.

Pendant que nous parlons des nègres, il ne sera pas hors de propos de rapporter trois ou quatre petites anecdotes qui les concernent : ce seront quelques exemples de plus à opposer à ceux des blancs qui sont assez barbares ou assez insensés pour soutenir que l'homme noir ne doit être conduit qu'à coups de fouet, comme les animaux les plus indociles.

Un équipage anglais, qui faisait la traite sur les côtes de Guinée en 1752, se vit obligé d'y abandonner le chirurgien du vaisseau parce que sa mauvaise santé ne lui permettait pas de soutenir plus longtemps la mer ; ce chirurgien s'appelait *Murray*. Un nègre le reçut dans sa demeure. Pendant son séjour sur cette côte, il y arriva un vaisseau hollandais ; les hommes qui le montaient étaient sans foi ; ils attirèrent sur leur bord quelques nègres, se saisirent d'eux, les chargèrent de fers et mirent aussitôt à la voile avec leur proie. Pleins de ressentiment de cette atroce perfidie, les amis et les parents des nègres enlevés coururent chez l'hôte de Murray, afin de se venger sur cet Européen. Le nègre se présente aussitôt sur le seuil de sa porte : *Que voulez-vous?* dit-il avec fermeté à ces furieux. — *Le blanc qui est chez toi,* répondirent-ils tous ensemble; *il doit périr, car ses frères ont enlevé nos frères.* — *Les Européens qui ont enlevé nos frères sont des barbares,* reprit l'hôte généreux; *tuez-les quand vous les rencontrerez; mais celui qui est chez moi est honnête homme; c'est mon ami; ma maison est son asile, et je saurai bien l'y défendre : pour parvenir jusqu'à lui, il vous faudra passer sur mon cadavre. O mes amis! quel honnête homme voudrait entrer dans ma maison, si je la laissais souiller par le sang innocent?* Ces paroles, pleines de justice et de courage, frappèrent les noirs : ils eurent honte du dessein cruel qu'ils avaient conçu et se retirèrent. Quelques jours après ils vinrent témoigner à Murray combien ils étaient charmés qu'on les eût empêchés de commettre un crime qui aurait laissé dans leur cœur d'éternels remords. Dites-moi maintenant, mes enfants, si des hommes susceptibles de sentiments aussi beaux sont des êtres

qu'il faille ravaler à la condition des bêtes?...
Je laisse à vos cœurs à répondre. Je passe à un
autre trait.

Un tremblement de terre fit écrouler une habitation. Avertis par les premières secousses, le
maître et toute sa famille eurent le temps de
fuir dehors. Une négresse, une pauvre esclave,
resta seule; et pourquoi? pour sauver l'enfant
de son maître, son cher nourrisson : au lieu de
chercher la porte, elle courut au berceau, et le
couvrit de son corps, se déterminant avec un courage incroyable à recevoir sur elle les débris de
la maison tombant en ruine. L'enfant fut sauvé;
mais elle fut victime de ses sentiments généreux.
Remarquez bien que le père avait eu la lâcheté
de fuir; et puis dites encore, injustes Européens,
que l'homme noir ne vaut pas l'homme blanc!

Un colon, coupable de quelque faute, fut, par
ordre du gouverneur, envoyé dans un vaisseau,
sans qu'il lui fût permis d'emmener aucun domestique. Qu'imagina un esclave nègre qui lui
était attaché? Il se fit coudre dans un matelas
pour tromper la surveillance des gardes quand
on le porterait à bord comme un paquet.

Voici un trait plus admirable encore. Un esclave portugais, qui s'était affranchi de l'esclavage, et qui s'était sauvé dans les bois, apprend

que son ancien maître, accusé d'un meurtre, vient d'être condamné à mort. Cette nouvelle réveille aussitôt dans son cœur d'anciens sentiments d'attachement, et lui inspire une résolution pleine d'héroïsme : il court se présenter devant le tribuual, s'accuse lui-même du meurtre, et se dévoue à perdre la vie. Son maître n'avait point cette vertu : le lâche vit la générosité extraordinaire de son esclave et le laissa périr sur l'échafaud.

Voilà comment les nègres peuvent être vertueux. Très bien, diront leurs adversaires; mais nous apprendrez-vous comment ils sont méchants, avides, injustes et cruels jusqu'à la férocité du tigre? — Je le pourrais facilement; car leurs crimes sont encore plus nombreux que leurs vertus : c'est précisément comme chez vous, bons Européens. Mais il n'entre point dans mon intention de placer l'un au-dessus de l'autre; je veux seulement dire qu'ils sont égaux, et que Dieu a donné au nègre l'âme dont il a doué l'homme blanc; et cette égalité reconnue, jugez si vous pouvez sans crime étendre sur votre frère la verge dont vous frappez vos bêtes de somme.

AVENTURES

d'une mère et de ses deux enfants abandonnés
sur la mer.

HISTOIRE VÉRITABLE.

Un colon français, appelé M. Dénoyer, établi
depuis peu à Samana, dans la partie espagnole
de l'île de Saint-Domingue, voulut retourner au
Cap-Français, d'où il était sorti. En conséquence
il acheta une goëlette ou petit bâtiment de transport, et y mit tout ce qu'il voulait emporter. Les
personnes qu'il devait emmener étaient sa femme,
qu'il chérissait beaucoup, un enfant de sept ans,
un autre à la mamelle et une négresse, leur esclave.

Dans le temps qu'il se préparait à faire voile,
un petit bâtiment anglais périt sur la côte; l'é-
quipage eut le bonheur de gagner terre et de se
sauver. Comme il y avait à Samana un autre petit
bâtiment appartenant à un Français, les naufra-
gés, au nombre de huit, prièrent celui qui le
commandait de les recevoir sur son bord : le

commandant, vu la charge de son petit navire, ne put prendre que six de ces infortunés; mais il proposa à M. Dénoyer de se charger des deux qui restaient.

M. Dénoyer, par un acte de l'humanité qui lui était naturelle, les reçut avec plaisir, leur donna du linge et des habits, et les combla d'honnêtetés. Comme ces deux hommes étaient expérimentés dans la navigation, ils s'offrirent de conduire le bâtiment à la place de deux matelots que M. Dénoyer avait retenus, mais qui demandaient à se retirer. Enfin on mit à la voile, et l'on côtoya la terre. C'était au commencement de mars 1766. La journée se passa très bien; le soir on soupa ensemble et dans la plus parfaite union. Après cela on plaça sur la dunette, qu'on couvrit de feuilles de palmier, et au bout de laquelle on tendit une toile en forme de tente, un matelas qui servit de lit à Madame Dénoyer, aux enfants et à la négresse; M. Dénoyer se jeta sur un autre matelas, aux pieds de son épouse, tandis que les deux Anglais étaient couchés sur l'avant de la goëlette. On se livra au repos.

Vers les trois ou quatre heures du matin, Madame Dénoyer fut éveillée subitement par le bruit d'un grand coup sourd, qui lui parut être un coup de hache donné sur le lit de son mari, qu'elle entendit pousser un soupir. Tremblante, effrayée, elle appelle la négresse ; mais aussitôt un des deux matelots anglais s'élance sur elle, une hache à la main, et la menace de la mort si elle fait le moindre mouvement pour se lever. Les deux monstres achèvent ensuite leur crime, et jettent à la mer le corps ensanglanté de M. Dénoyer, de l'homme qui leur avait tendu une main bienfaisante ; puis, mettant la voile au vent et prenant le gouvernail, ils dirigent vers la Nouvelle-York. Quand ils se virent assez éloignés en pleine mer, ils annoncèrent leur dessein, qui était de s'emparer de la goëlette et de tout ce qu'il y avait de précieux dedans ; en même temps ils dirent à Madame Dénoyer qu'elle ne craignît rien pour ses jours, et qu'ils la renverraient quand ils le jugeraient convenable à leur sûreté. Ils lui laissèrent, pendant le reste du jour et la nuit qui le suivit, la liberté de se livrer tout entière à sa douleur.

Le lendemain, au lever du soleil, ils lui ordonnèrent de faire un paquet du linge qu'elle voulait emporter, et de se préparer à descendre dans une pirogue qu'ils avaient à bord, et qu'ils allaient mettre en mer. Quoique cette pirogue, faite d'un tronc d'arbre creusé et semblable à celles des sauvages de l'Amérique, fût extrêmement petite et trop faible pour être exposée à la fureur des flots, Madame Dénoyer reçut d'abord cet ordre avec joie, préférant toutes sortes de dangers et la mort même à rester en face des monstres qui avaient assassiné son époux. Ses préparatifs furent faits en un instant; elle prit son plus jeune enfant, la négresse prit l'autre, et toutes deux descendirent dans la chétive nacelle. Mais à peine y furent-elles, qu'elles sentirent tous les risques qu'elles avaient à courir; et, poussées par ce sentiment impérieux qui nous fait continuellement veiller à notre conservation, elles tendirent des mains suppliantes à leurs bourreaux, qui n'en firent que rire. Ces barbares, par un reste de pitié, leur donnèrent une paillasse, qu'elles placèrent au fond de la pirogue, quatre galettes de biscuit, une cruche contenant environ quatre pintes d'eau douce, six œufs et un peu de cochon salé, avec une bouilloire; après cela ils coupèrent la corde qui retenait la pirogue au navire, et s'éloignèrent à force de voiles. Sans doute Dieu ne laissa point ces monstres dans l'impunité, car on n'entendit jamais parler d'eux : il est à croire qu'ils périrent au milieu des flots. Ce châtiment était encore beaucoup trop doux.

Madame Dénoyer tint longtemps ses yeux attachés sur le navire qui fuyait; il disparaissait d'un instant à l'autre; bientôt ce ne fut plus qu'un point sur l'horizon; enfin on ne le vit plus du tout. Elle ramena alors ses regards et son attention autour d'elle, et elle sentit toute l'horreur de sa situation. Abandonnée au milieu des ondes, hors de la vue d'aucune côte, n'ayant ni les moyens ni les connaissances nécessaires pour se diriger, elle se voyait contrainte de laisser voguer sa petite nacelle au gré des flots, qui pouvaient l'entraîner aussi bien en pleine mer que la pousser vers la terre; et même, d'un instant à l'autre, cette nacelle, agitée un peu trop fort ou mal gouvernée, pouvait chavirer; le moindre choc suffisait pour opérer son naufrage; d'ailleurs, quand les vents et les ondes respecteraient ce frêle bâtiment, la famine ne viendrait-elle pas bientôt détruire les infortunés qui le montaient? Ces considérations rapides frappèrent avec force l'esprit de madame Dénoyer; elle rapprocha de son sein ses deux enfants, dont le sort l'affligeait encore plus que le sien; elle les serra avec une sorte d'épouvante, et tomba évanouie.

La pauvre négresse lui prodigue tous les secours qui sont en son pouvoir, et a bientôt le bonheur de la voir revenir à la vie. Elle tâche alors de lui donner quelque courage; elle lui fait envisager l'avenir sous des couleurs moins sinistres. Madame Dénoyer l'écoute, mais n'est point persuadée ; son plus jeune enfant, qui crie en ce moment, la rappelle à lui ; elle le prend dans ses bras, l'arrose de ses larmes, et l'élève de ses mains défaillantes vers le ciel, pour le mettre sous la protection de la Providence. Ensuite elle lui présenta son sein, et cherche à prolonger des jours qu'elle croit voir terminer au premier moment. Son fils aîné, qui a déjà assez de raison pour connaître toute l'étendue de son malheur, se tient assis sur la vieille paillasse, et regarde sa mère sans oser troubler sa douleur. La négresse, l'esprit plus libre, s'occupe du soin de conduire la pirogue, et veille en même temps sur la famille désolée. Ce ne fut que le soir que les besoins de la nature se firent sentir ; les deux femmes mangèrent lentement quelques morceaux de biscuit et étanchèrent leur soif à même la cruche. Ainsi s'écoula cette triste journée.

Le soleil avait déjà disparu sous l'horizon ; les approches d'une nuit obscure augmentaient le péril et redoublaient les alarmes. Pour comble de disgrâce, les vents s'élèvent et grondent bientôt avec fureur, les flots agités s'entrechoquent et font voler la pirogue sur les ondes prêtes à l'engloutir à chaque instant. Tout à coup une lame d'eau, produite par un flot qui la repousse, s'élance, fond dans la pirogue, entraîne le biscuit, répand la provision d'eau douce, et ne distrait les deux malheureuses femmes sur une si grande perte que par la crainte qu'une vague plus forte ne vienne à submerger la barque. Cependant la négresse, dans sa façon de gouverner, fut assez adroite pour éviter cette catastrophe. Les ténèbres épaisses qui les enveloppaient ajoutaient encore à la terreur qui glaçait leurs cœurs : le bruit des vents, celui des flots, l'agitation violente et continuelle de la barque, ne leur laissaient pas une seule minute de repos; à tout moment, les cris que la frayeur leur arrachaient perçaient le fracas de la tempête, et se perdaient dans l'immense solitude où elles se trouvaient; elles priaient avec ardeur, elles invoquaient Dieu sans cesse. Dieu eut pitié d'elles : il soutint la légère nacelle sur l'abîme. Enfin elles revirent l'aurore, objet de leurs plus vifs désirs; elles la virent blanchir insensiblement le ciel obscur et éclairer les vastes plaines de la mer. Un nouveau bienfait se fit sentir en même temps : le vent tomba, le calme revint, les vagues furent moins agitées, et ne faisaient déjà plus que bondir légèrement autour de la barque, quand le soleil commença à briller sur l'étendue des eaux. Madame Dénoyer et la négresse se jetèrent à genoux et remercièrent le ciel qui les avait protégées; l'enfant, aussi à genoux près de sa mère, répéta l'action de grâces qu'il lui entendit proférer.

De quelque côté que l'on regardât, on ne voyait que le ciel et l'eau. La nuit était passée, le jour s'annonçait avec sérénité; mais quel espoir pouvaient former deux malheureuses femmes abandonnées dans un chétif canot sur un élément terrible qu'elles ne connaissaient point! Le retour de la lumière les engagea à visiter l'intérieur de leur bâtiment; ce fut l'affaire d'une minute : elles virent avec douleur que le biscuit avait été totalement emporté, et qu'il ne restait plus une goutte d'eau dans la cruche. « Hélas! ma chère Catherine, dit madame Dénoyer à sa négresse, qu'allons-nous faire? Que donnerai-je à ces pauvres enfants? » La négresse, quoique dans un accablement égal, connaissait le malheur depuis longtemps, et savait le supporter; elle rendit encore quelque courage à sa maîtresse. « Vos habits sont mouillés, lui dit-elle, ôtez-les pour les faire sécher à ce beau soleil : Dieu a encore pitié de nous, il nous envoie la chaleur du matin, après les vents froids de la nuit. Couchez-vous sur cette paillasse avec vos enfants; prenez quelque repos pendant que le ciel le permet. Je veillerai, moi, et, quand vous aurez dormi, je dormirai à mon tour. » Madame Dénoyer serra affectueusement la main de son esclave, et suivit son conseil. L'extrême fatigue lui amena un peu de repos, qui fut troublé par l'agitation de son sang et les songes les plus sinistres. Elle fut réveillée sur le milieu du jour par les cris de son plus jeune enfant. Aussitôt elle lui donna son sein, et calma sa faim pressante. Mais à peine a-t-elle rempli ce soin touchant, que l'aîné, frottant ses yeux pour dissiper un reste de sommeil, se plaint à son tour de la faim qui le tourmente. Les larmes alors coulent en abondance des yeux de la mère; elle prend un des six œufs qu'on lui avait donnés, le casse et le fait avaler à son fils. « Cela le soutiendra toujours un peu, » dit-elle. Ensuite elle engagea la négresse à manger : « Vous avez beaucoup fatigué, ajouta-t-elle, vous devez réparer vos forces. Pour moi, je ne sens encore aucun besoin. » La bonne négresse, qui pénétre le fond de son cœur, et qui voit qu'elle veut épargner sur sa nourriture pour prolonger les jours de ses enfants, répond qu'elle ne sent aucun besoin non plus et qu'il sera assez temps de manger au commencement de la nuit. Elle consent seulement à prendre quelque repos pendant le reste du jour. Madame Dénoyer, à son tour, veilla sur la marche de la pirogue. A l'entrée de la nuit, la négresse se leva ; il fallut bien alors prendre un peu de nourriture : les deux femmes coupèrent chacune un petit morceau de viande salée, et en donnèrent aussi à l'enfant. Ce fut là tout leur repas.

Tel fut le second jour, et la nuit qui le suivit n'eut rien de plus, terrible que ce que cette situation présentait par elle-même : la mer resta calme. Mais, au retour du jour, madame Dénoyer et Catherine tombèrent dans un profond abattement, lorsqu'en regardant de tous côtés, elles ne virent encore que l'eau et le ciel. Nous sommes perdues ! s'écrièrent-elles, nous périrons lentement et dans une agonie affreuse sur cette barque. Chaque moment nous éloigne peut-être du rivage, et il faudrait que Dieu nous secourût bien visiblement pour amener quelque navire à notre rencontre. Ces réflexions leur ôtèrent tout courage et tout espoir ; elles restèrent presque toute la journée assises dans la pirogue. La nuit n'apporta aucun adoucissement à leurs maux ; le lendemain fut terrible encore : les vivres diminuaient, et madame Dénoyer s'aperçut que le lait était entièrement tari dans ses seins : son enfant ne faisait plus que la fatiguer inutilement ; il criait, et sa mère pleurait sans pouvoir apaiser ses souffrances. « Maman, dit le frère aîné, fais-lui manger comme à moi un œuf; cela le soutiendra aussi. » Madame Dénoyer eut en effet recours à ce moyen.

Mais un mal aussi grand que la faim commença à se faire sentir avec force, c'était la soif. Les fatigues, l'ardeur du climat, la viande salée avaient allumé un feu dévorant dans les entrailles de ces infortunés, et ils n'avaient aucun espoir de l'apaiser. L'enfant demandait sans cesse qu'on lui donnât de l'eau de la mer; on ne pouvait encore lui faire comprendre combien cette eau lui aurait été funeste. La négresse, qui devait être plus raisonnable, avait aussi bien de la peine à s'abstenir d'en boire. Madame Dénoyer lui conseilla de prendre de cette eau pour s'en arroser la tête et la poitrine, et eut soin de mettre ce conseil en usage pour elle-même et pour ses deux enfants; tous s'en trouvèrent bien et furent un peu rafraîchis.

Le quatrième jour ne vit arriver aucun changement à leur malheureuse position, ils avalèrent quelques bouchées de leur viande crue, et souffrirent de la soif plus cruellement encore que la veille. Les enfants mangèrent, ce jour-là, les deux derniers œufs.

Le cinquième jour ne fut pas plus heureux.

Madame Dénoyer, abattue et n'espérant plus, tint continuellement son plus jeune enfant sur ses genoux, et mâcha quelques bouchées de viande qu'elle essaya de lui faire avaler. L'autre enfant, d'une faiblesse extrême, resta couché tout le jour. La négresse, beaucoup plus robuste, se sentit encore assez de force pour gouverner la pirogue.

Le lendemain fut un jour de désespoir : on mangea le reste de la viande. Il fallait alors mourir. Le soir, les deux femmes, n'ayant plus la force ni le désir de s'occuper encore de leur conservation, s'étendirent auprès des enfants sur la paillasse, et laissèrent aller la barque au gré des flots. Un peu de sommeil calma leurs souffrances. Au retour de l'aurore (c'était le septième jour), elles levèrent avec peine la tête au-dessus des bords de la pirogue ; elles regardèrent... Tout était encore désert sur la mer ; elles retombèrent entièrement découragées, et n'attendirent plus que la mort...

Quelques faibles cris du plus jeune enfant réveillèrent Madame Dénoyer de l'assoupissement où elle était plongée ; elle prit cette pauvre petite créature que la langueur avait déjà considérablement changée ; elle la colla contre son sein, comme si elle eût voulu lui donner le peu de force qui lui restait... Tout à coup une pensée lui vient à l'esprit, ses yeux s'animent : « Catherine, dit-elle à l'esclave, je n'ai plus que peu d'heures à vivre; mais je puis donner ces courts moments pour prolonger l'existence de mes enfants. Donnez-moi votre couteau, je m'ouvrirai la veine, et ferai boire mon sang à ce pauvre petit malheureux, qui sans cela va périr aussi; l'autre en boira à son tour : c'est maintenant tout ce que je puis faire pour eux. »

La négresse fut effrayée de ce qu'elle venait d'entendre, et s'opposa fortement à ce dessein dicté par le désespoir. Tandis que la maîtresse et l'esclave disputaient à ce sujet, la dernière, en se retournant, remarqua au loin sur les eaux quelque chose de blanc. Son cœur en bondit de joie. Elle s'arrête tout à coup, elle regarde de toute la force de ses yeux; elle croit déjà distinguer ce qu'elle désire, et craint de se tromper; enfin elle est bien sûre. « Un vaisseau! Madame, s'écria-t-elle en joignant les mains; voilà un vaisseau! » et elle fait remarquer à madame Dénoyer la voile colorée par les rayons du soleil, qui s'arrêtaient dessus. Cette vue leur rend les forces, le courage, la vie : elles se lèvent, jettent des cris qui ne peuvent être entendus; elles tendent les mains, et mettent un grand mouchoir blanc au bout d'une de leurs rames. Le vaisseau, qui approchait, remarqua ce dernier signal, et y répondit. Alors elles se voient sauvées, et ne songent plus qu'à remercier la providence, qui leur envoie un secours si nécessaire. Elles eurent cependant encore quelques dangers à courir à l'approche du navire : les lames qui se brisaient contre firent craindre plusieurs fois que la pirogue ne fût submergée en l'abordant; mais la bonne manœuvre du capitaine prévint tout accident; et madame Dénoyer, ses deux enfants et la négresse furent portés dans le vaisseau. L'équipage, ravi de joie de les avoir sauvés, chanta le *Te Deum* en action de grâces. Ce bâtiment arriva à bon port dans la rade de la Nouvelle-Orléans, lieu de sa destination. Madame Dénoyer eut le bonheur d'y trouver un de ses proches parents, qui la reçut avec joie et tendresse, ainsi que les enfants de cette infortunée veuve qui sortait, pour ainsi dire, du tombeau. Le premier soin de cette dame fut de rendre la liberté à la négresse, compagne de son infortune, et d'en faire dresser un acte en bonne forme; mais cette fille, sensible à la reconnaissance de sa maîtresse, ne voulut point la quitter, et dit qu'elle resterait avec elle jusqu'à la mort.

Cet événement, qui doit intéresser les cœurs

les moins sensibles, est attesté par le capitaine du vaisseau qui recueillit madame Dénoyer, et se trouve consigné dans les voyages de M. Bossu dans l'Amérique septentrionale.

FIN.

TABLE.

www.ingramcontent.com/pod-product-compliance
Ingram Content Group UK Ltd.
Pitfield, Milton Keynes, MK11 3LW, UK
UKHW022214120726
13694UKWH00002B/546